#홈스쿨링
#초등 영어 기초력
#초등영어 교육과정 기반

똑똑한 하루 Phonics는 무엇이 다를까요?

하루에 발음 1~2개! 단어 3~4개를 집중해서 연습하니까 배우기 쉬워요!

매일 6쪽씩 학습하고, 부록으로 놀이하듯 복습하며 균형 잡힌 학습을 해요!

발음 동영상으로 정확한 발음을 익히고, 찬트/랩으로 읽기 훈련을 해요!

반복되고 지루한 문제는 그만! 다양한 활동으로 재미있게 학습해요!

매주 5일은 스토리로 문장을 읽어 보고, 사이트 워드도 익혀 보세요!

똑똑한 하루 Phonics
시리즈 구성 (Starter, Level 1~3)

Starter A, B

A 알파벳 + 파닉스 ①
B 알파벳 + 파닉스 ②

Level 1 A, B

A 자음과 모음
B 단모음

Level 2 A, B

A 매직 e 장모음
B 연속자음 + 이중자음

Level 3 A, B

A 장모음
B 이중모음

똑똑한 하루 Phonics만의

똑똑한 부가 자료

책 속 부록

단어 카드

온라인 자료

QR

▷ QR로 편리하게 듣고 발음 동영상도 볼 수 있어요.

추가 활동지

▷ 다양한 추가 활동지를 book.chunjae.co.kr 에서 다운 받으세요.

똑똑한
하루
Phonics ♥

4주 완성 스케줄표

1주

⭐ 공부한 날짜를 써 봐!

	1일 8~17쪽	**2**일 18~23쪽	**3**일 24~29쪽	**4**일 30~35쪽	**5**일 36~41쪽	TEST
3B	ou	ow	oi, oy	oo	1주 복습	42~43쪽
	월 일	월 일	월 일	월 일	월 일	월 일

힘을 내! 넌 최고야!

2주

특강
44~49쪽
월 일

TEST	**5**일 78~83쪽	**4**일 72~77쪽	**3**일 66~71쪽	**2**일 60~65쪽	**1**일 50~59쪽
84~85쪽	2주 복습	er	ir, ur	or	ar
월 일	월 일	월 일	월 일	월 일	월 일

계획대로만 하면 금방 끝날 거야!

특강
86~91쪽
월 일

3주

배운 단어는 꼭꼭 복습하기!

1일 92~101쪽	**2**일 102~107쪽	**3**일 108~113쪽	**4**일 114~119쪽	**5**일 120~125쪽	TEST
y	y	aw	all	3주 복습	126~127쪽
월 일	월 일	월 일	월 일	월 일	월 일

4주

특강
128~133쪽
월 일

복습하니까 이해가 쏙쏙! 실력이 쑥쑥!

특강	TEST	**5**일 162~167쪽	**4**일 156~161쪽	**3**일 150~155쪽	**2**일 144~149쪽	**1**일 134~143쪽
170~175쪽	168~169쪽	4주 복습	wr	kn	ge	ce
월 일	월 일	월 일	월 일	월 일	월 일	월 일

똑똑한 하루 Phonics

똑똑한 QR 사용법

방법 1

QR로 편리하게 듣기

1. 교재 표지의 QR 코드 찍기
2. 해당 '레벨 ≫ 주 ≫ 일'을 터치하고, 원하는 음원과 동영상 재생하기
3. 복습할 때 찬트 모아 듣기, 동영상 모아 보기 기능 활용하기

방법 2

교재에서 바로 듣기

교재 본문의 QR 코드를 찍고, 원하는 음원과 동영상 재생하기

편하고 똑똑하게!

Chunjae
Makes
Chunjae

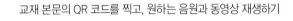

편집개발	조수민, 구보선, 유재영, 주선이
디자인총괄	김희정
표지디자인	윤순미, 이주영
내지디자인	박희춘, 이혜미
제작	황성진, 조규영

발행일	2022년 6월 1일 초판 2022년 6월 1일 1쇄
발행인	(주)천재교육
주소	서울시 금천구 가산로9길 54
신고번호	제2001-000018호
고객센터	1577-0902

똑 똑 한

하루
Phonics

하루 6쪽!
쉽고 재미있게!

3B
이중모음

똑똑한 하루 Phonics ★ Level 3B ★

이렇게 구성했어요!

한 주
미리보기

배울 내용을 이야기로 살펴 보고,
스티커를 붙이며 학습을 준비해요.

1~4일
학습

STEP ① 소리 익히기

이중모음이 단어 속에서 어떻게 소리 나는지 만화
와 발음 동영상을 보며 익혀요.

발음 동영상으로
익혀 보세요.

STEP ② 단어 익히기 1

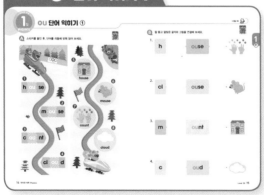

랩으로 익히는 단어 읽기 연습과 듣기 활동은 소리와
글자를 매치하여 단어를 읽을 수 있게 도와줘요.

STEP ③ 단어 익히기 2

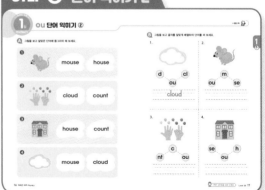

단어 읽기 및 쓰기 활동을 통해 스스로 단어를 읽고
쓸 수 있어요.

5일
복습

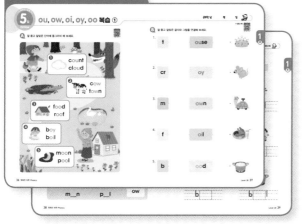

문제를 풀어 보며 이중모음의 소리와 단어를 복습
해요.

한 주 동안 배운 단어로 구성된 스토리와 사이트
워드로 읽기 자신감을 키워요.

누구나 100점 TEST

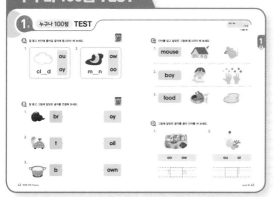

한 주 동안 배운 내용을 문제로 확인해요.

Brain Game

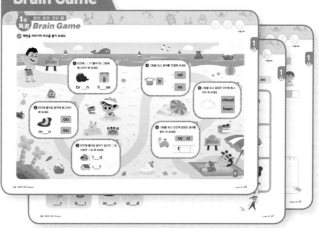

창의 · 융합 · 코딩 활동으로 복습은 물론!
재미와 사고력까지 UP!

단어 카드로
매일 복습하며
재미 쑥! 실력 쑥!

놀이 부록

단어 카드를 뜯어서 놀이하듯
재미있게 이중모음을 복습해요.

무엇을 배울까요?

3주

4주

이중모음의 이름과 소리

 글자를 손으로 짚으며 소리를 말해 보세요.

ou	ow	oi	oy
[아우]	[아우]	[오이]	[오이]

oo	ar	or	ir
[우-]	[아알]	[오얼]	[어얼]

ur	er	y	y
[어얼]	[어얼]	[아이]	[이-]

aw	all	ce	ge
[어-]	[얼-]	[ㅅ]	[ㅈ]

kn	wr
[ㄴ]	[뤄]

Tip
모음 두 글자가 나란히 있으면 이중모음, 자음 두 글자가 나란히 있으면 이중자음이라고 해.

함께 배울 친구들

안녕, 내 이름은 테테야.
물고기 잡는 걸 좋아하는
호기심 많은 수달이지.
페페는 나와 가장 친한 친구야.
난 겁이 많아서 용감한 페페가
늘 부러워.

페페

안녕, 내 이름은 페페야.
스키를 가장 좋아하고
모험을 즐기는 펭귄이야.
오늘 테테와 모음 친구들을
만나러 갈 건데,
우리와 함께 가지 않을래?

m oo n

cr ow n

t oy

두 글자가 만나 새로운 소리가 나는 모음이 되었어요. 알맞은 스티커를 붙여 보세요.

Quiz

모음의 소리가 같은 단어 두 쌍이 있어요.
색깔이 같은 단어끼리 선을 그어 찾아 보세요.

ou 소리 익히기

 ou가 단어 속에서 어떻게 소리 나는지 들어 보세요.

1
주

A ou의 소리를 듣고 따라 말해 보세요.

ou
아우

/아/와 /우/를
이어서 /아우/라고
소리 내 봐.

B 잘 듣고 따라 말하면서 ou의 단어를 익혀 보세요.

①

h ou se
ㅎ 아우 ㅅ
⬇
house

②

m ou se
ㅁ 아우 ㅅ
⬍
mouse

③

c ou nt
ㅋ 아우 은ㅌ
⬇
count

④

cl ou d
클ㄹ 아우 ㄷ
⬍
cloud

ou 단어 익히기 ①

 A 스티커를 붙인 후, 단어를 리듬에 맞춰 읽어 보세요.

❶ h ou se

❷ m ou se

❸ c ou nt

❹ cl ou d

❺ house

❻ mouse

❼ count

❽ cloud

B 잘 듣고 알맞은 글자와 그림을 연결해 보세요.

1.
h | ouse |

2.
cl | ouse |

3.
m | ount |

4.
c | oud |

ou 단어 익히기 ②

 그림을 보고 알맞은 단어에 동그라미 해 보세요.

① mouse　house

② cloud　count

③ house　count

④ mouse　cloud

▶정답 2쪽

B 그림을 보고 글자를 알맞게 배열하여 단어를 써 보세요.

1.

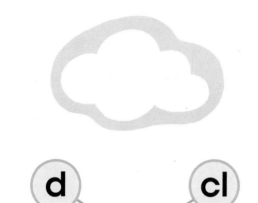

cloud

2.

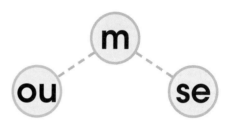

3.

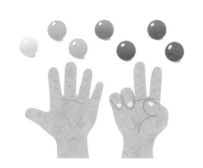

4.

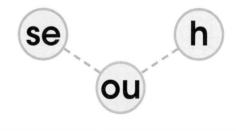

17쪽의 단어들을 읽어 보세요.

똑똑한 하루

2일 PHONICS

ow 소리 익히기

📖 ow가 단어 속에서 어떻게 소리 나는지 들어 보세요.

A ow의 소리를 듣고 따라 말해 보세요.

ow
아우

/아우/라고 소리
내 봐. ow는 ou와
소리가 같아.

B 잘 듣고 따라 말하면서 ow의 단어를 익혀 보세요.

①

c ow
ㅋ 아우
⬇
cow

②

t ow n
ㅌ 아우 은
⬇
town

③

br ow n
브뤄 아우 은
⬇
brown

④

cr ow n
크뤄 아우 은
⬇
crown

① 젖소 ② 마을 ③ 갈색 ④ 왕관　Level 3B **19**

ow 단어 익히기 ①

A 스티커를 붙인 후, 단어를 리듬에 맞춰 읽어 보세요.

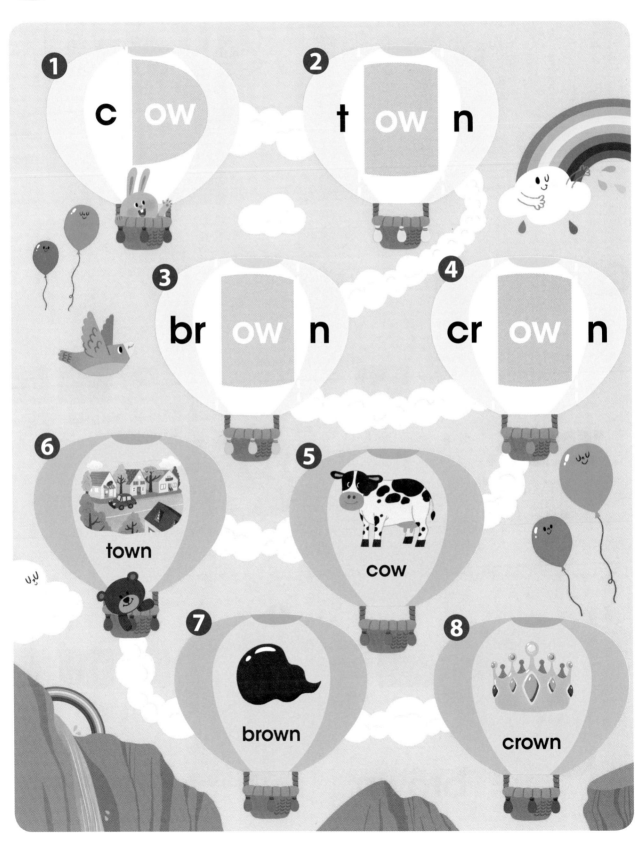

B 잘 듣고 알맞은 글자에 색칠한 후, 그림과 연결해 보세요.

1주

1.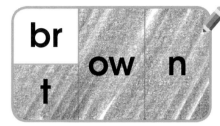

2.

| c | ow |
| h | |

3.

| br | ow | n |
| cr | | |

4.

| t | ow | n |
| cr | | |

ow 단어 익히기 ②

A 그림을 보고 알맞은 단어에 동그라미 해 보세요.

1

brown　town

2

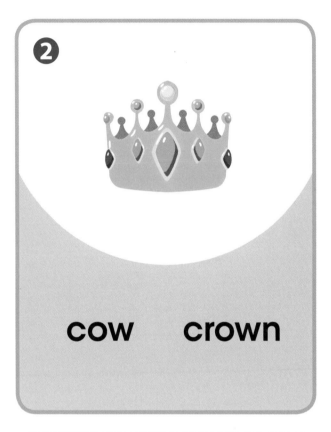

cow　crown

3

town　crown

4

brown　cow

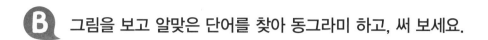

▶정답 3쪽

B 그림을 보고 알맞은 단어를 찾아 동그라미 하고, 써 보세요.

1.

brown**town**

town

2.

cowcrown

3.

towncrown

4.

browncow

5.

housetown

6.

countcloud

23쪽의 단어들을 읽어 보세요. Level 3B **23**

oi, oy 소리 익히기

 oi와 oy가 단어 속에서 어떻게 소리 나는지 들어 보세요.

동영상 ▶   2

 A oi와 oy의 소리를 듣고 따라 말해 보세요.

oi
오이

/오/와 /이/를 이어서 /오이/라고 소리 내 봐.

1

oi l
오이 을
↕
oil

2

b oi l
ㅂ 오이 을
↕
boil

oy
오이

oy는 oi와 소리가 같아.

3

b oy
ㅂ 오이
↕
boy

4

t oy
ㅌ 오이
↕
toy

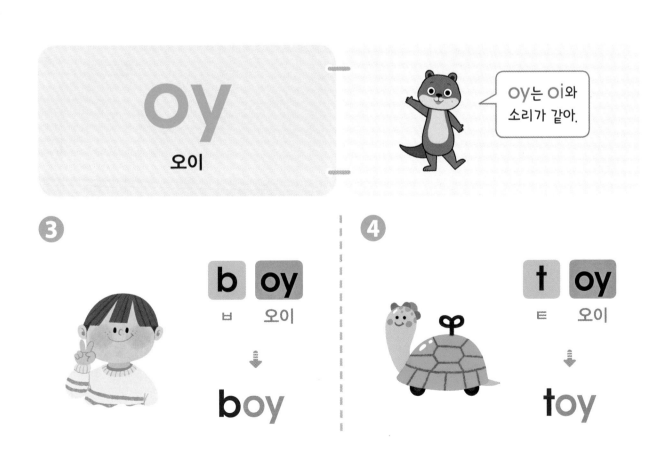

① 기름 ② 끓이다 ③ 남자아이 ④ 장난감   Level 3B **25**

oi, oy 단어 익히기 ①

A 스티커를 붙인 후, 단어를 리듬에 맞춰 읽어 보세요.

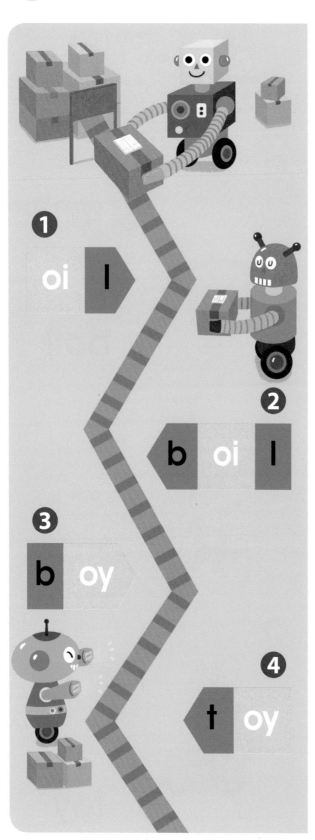

1 oi l

2 b oi l

3 b oy

4 t oy

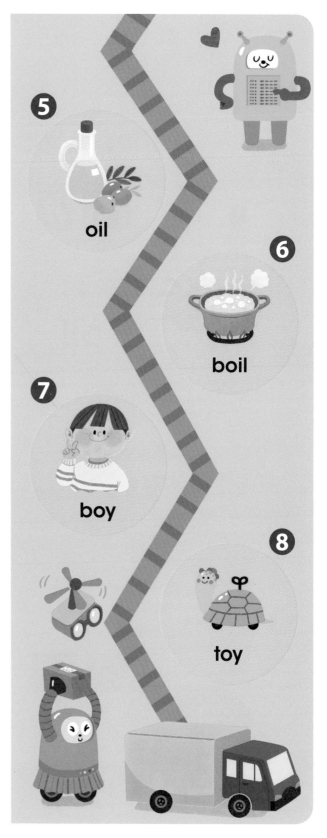

5 oil

6 boil

7 boy

8 toy

B 잘 듣고 빈칸에 들어갈 모음의 글자를 연결해 보세요.

1.

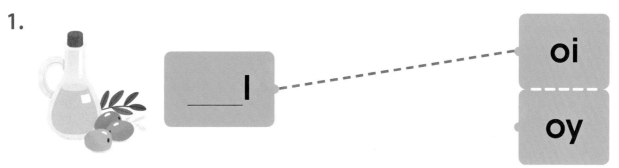

___l

oi

oy

2.

b___

oi

oy

3.

t___

oi

oy

4.

b___l

oi

oy

oi, oy 단어 익히기 ②

 단어를 읽고 알맞은 그림과 연결해 보세요.

1.

oil ·   ·  ·   · boil

2.

boil ·   ·  ·   · boy

3.

boy ·   ·  ·   · toy

4.

toy ·   ·  ·   · oil

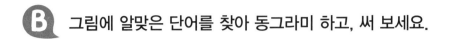

B 그림에 알맞은 단어를 찾아 동그라미 하고, 써 보세요.

1.

t o y b o i l

2.

b o y o i l

3.

b o i l t o y

4.

o i l b o y

복습
5.

c o w c r o w n

복습
6.

c l o u d c o u n t

29쪽의 단어들을 읽어 보세요.

○○ 소리 익히기

📖 ○○가 단어 속에서 어떻게 소리 나는지 들어 보세요.

A oo의 소리를 듣고 따라 말해 보세요.

oo

우-

ㅇ와 ㅇ가 만나면
새로운 소리 /우-/로 변해.
입술을 내밀고 길게
/우-/라고 소리 내 봐.

B 잘 듣고 따라 말하면서 oo의 단어를 익혀 보세요.

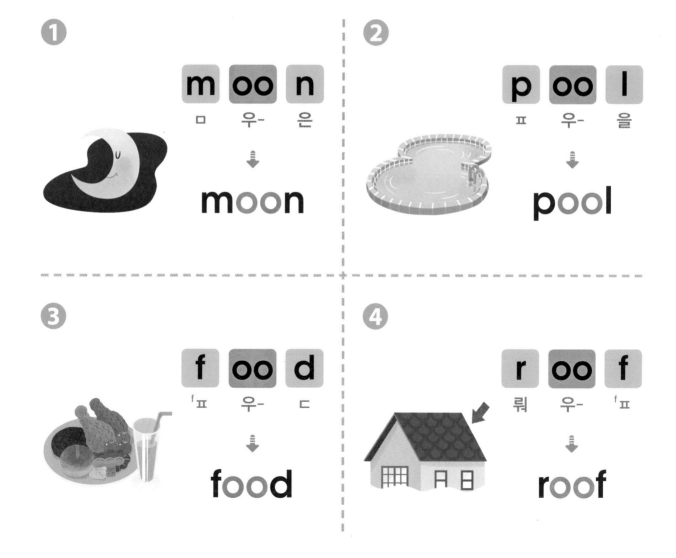

① 달 ② 수영장 ③ 음식 ④ 지붕   Level 3B **31**

oo 단어 익히기 ①

A 스티커를 붙인 후, 단어를 리듬에 맞춰 읽어 보세요.

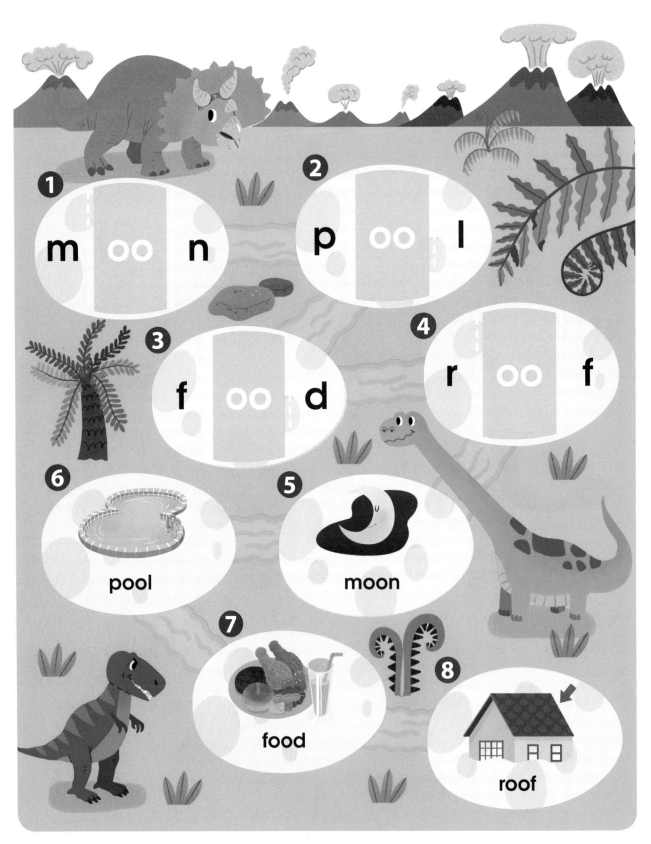

1 m oo n

2 p oo l

3 f oo d

4 r oo f

6 pool

5 moon

7 food

8 roof

B 잘 듣고 알맞은 글자에 색칠한 후, 그림과 연결해 보세요.

1.
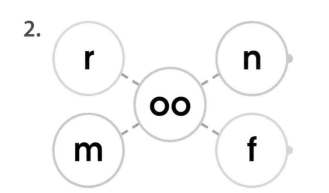

2.
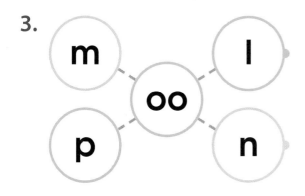

3.

4.
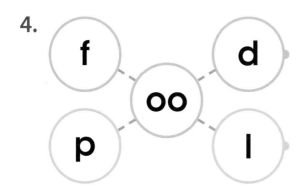

oo 단어 익히기 ②

A 그림을 보고 알맞은 단어에 동그라미 해 보세요.

1

food   pool

2
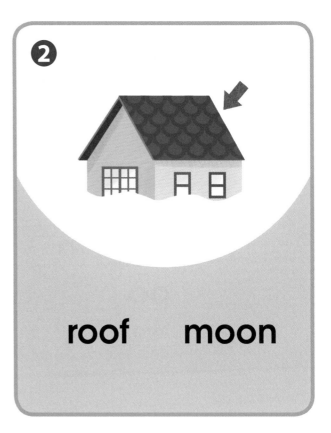

roof   moon

3

moon   pool

4

roof   food

B 그림에 알맞은 단어를 찾아 동그라미 하고, 써 보세요.

1.

r o o f p o o l

_____

2.

m o o n f o o d

_____

3.

f o o d p o o l

_____

4.

m o o n r o o f

_____

 복습

5.

t o y b o i l

_____

복습

6.

c o w b r o w n

_____

35쪽의 단어들을 읽어 보세요.

ou, ow, oi, oy, oo 복습 ①

A 잘 듣고 알맞은 단어에 동그라미 해 보세요.

1. count / cloud
2. cow / town
3. food / roof
4. boy / boil
5. moon / pool

▶정답 5쪽

B 잘 듣고 알맞은 글자와 그림을 연결해 보세요.

1. t   ouse   

2. cr   oy   

3. m   own   

4. f   oil   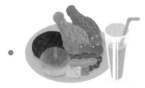

5. b   ood   

ou, ow, oi, oy, oo 복습 ②

A 빈칸에 공통으로 들어갈 글자에 동그라미 해 보세요.

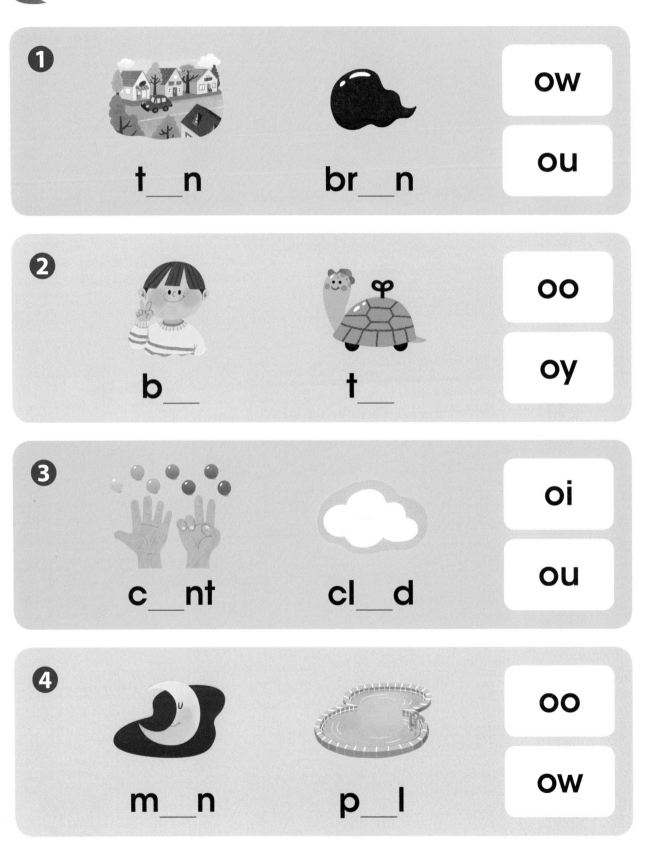

1 t__n   br__n   ow / ou

2 b__   t__   oo / oy

3 c__nt   cl__d   oi / ou

4 m__n   p__l   oo / ow

B 빈칸에 알맞은 글자를 찾아 써 보세요.

| ou | ow | oi | oy | oo |

1.

m ☐ se

2.

l

3.

r ☐ f

4.

c ☐

5.

b ☐

6.

b ☐ l

Story Time

 A 이야기를 들으며 따라 읽어 보세요.

1 Mouse makes clouds.

2 Let's make a boy and a crown.

3 Let's make a cow and the moon.

4 Let's make a house, too.

Sight Word

let's를 찾아라!

B let's를 모두 찾아 큰 소리로 읽으면서 동그라미 해 보세요.

• let's는 '~하자'라는 뜻이에요.
• let's는 모두 몇 개인가요? _____개

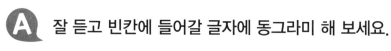

A 잘 듣고 빈칸에 들어갈 글자에 동그라미 해 보세요.

1.

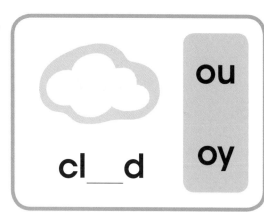

cl__d

ou

oy

2.

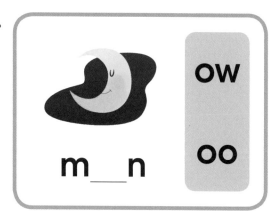

m__n

ow

oo

B 잘 듣고 그림에 알맞은 글자를 연결해 보세요.

1.  br

oy

2.  t

oil

3.  b

own

C 단어를 읽고 알맞은 그림에 동그라미 해 보세요.

1.  mouse

2. boy

3. food

D 그림에 알맞은 글자를 골라 단어를 써 보세요.

1.

oo   ow

t   n

2.

ou   oi

l

Brain Game

〰️ 해변을 따라가며 퀴즈를 풀어 보세요.

❶ 빈칸에 ou가 들어가는 그림에
동그라미 해 보세요.

br___n   h___se

❷ 빈칸에 들어갈 글자에 동그라미
해 보세요.

m___n   oo   ou

❸ 빈칸에 들어갈 글자가 같으면 ◯표,
다르면 ✕표 해 보세요.

f___d

r___f

▶정답 7쪽

4 그림을 보고 글자를 연결해 보세요.

b · oil
· oy

5 그림을 보고 알맞은 단어에 동그라미 해 보세요.

cloud
town

6 그림을 보고 빈칸에 알맞은 글자를 골라 써 보세요.

oy oi

t

FINISH

빈칸에 들어갈 모음의 소리가 <u>다른</u> 하나를 찾아 ×표 해 보세요.

1

m___se　　h___se

b___　　c___nt

2

c___　　t___n

f___d　　br___n

3

t___　　cr___n

___l　　b___l

4

p___l　　r___f

m___n　　cl___d

▶정답 8쪽

B 빈칸에 알맞은 모음을 쓰고, 주어진 미로를 빠져나가 보세요.

ou ➡ ow ➡ oi ➡ oy ➡ oo

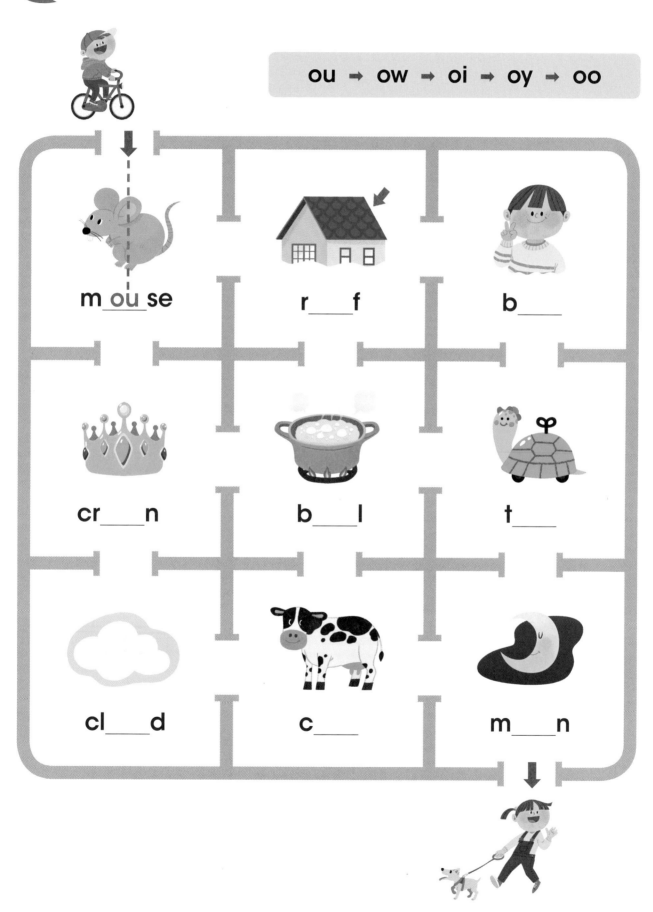

m_ou_se

r___f

b____

cr___n

b___l

t___

cl___d

c____

m___n

A 길을 따라가서 나오는 단어에 해당하는 그림을 찾아 연결해 보세요.

①

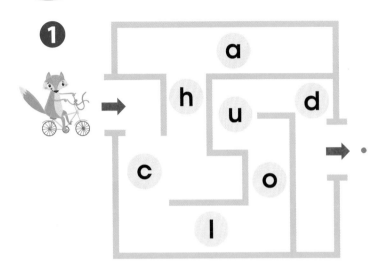

②

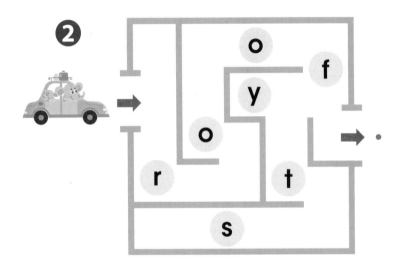

③

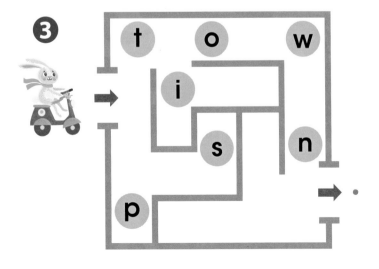

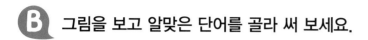

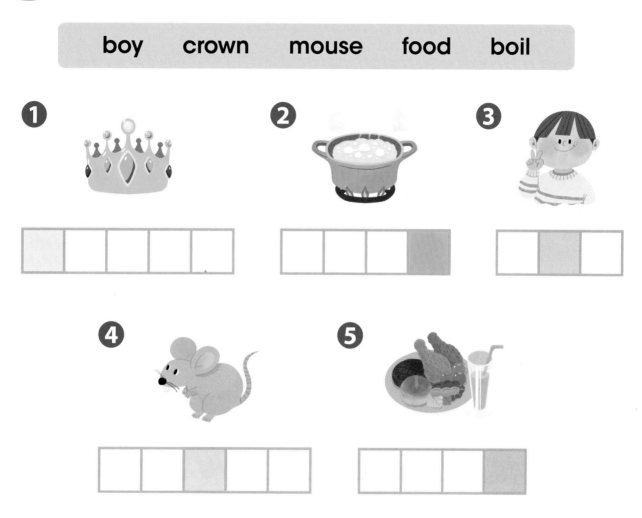

▶정답 8쪽

B 그림을 보고 알맞은 단어를 골라 써 보세요.

| boy | crown | mouse | food | boil |

1

2

3

4

5

● 빈칸에 알맞은 글자를 쓰고, 해당하는 단어 그림을 그려 보세요.

이번 주에는 무엇을 배울까? ①

모음 a, e, i, o, u가 자음 r을 만나면 원래 모음과 다른 소리가 나요.
알맞은 스티커를 붙여 보세요.

f ar m

g ir l

Quiz

단어 속에 숨어 있는 자음 r을 찾아 모두
동그라미 해 보세요.

ar 소리 익히기

📖 ar이 단어 속에서 어떻게 소리 나는지 들어 보세요.

A ar의 소리를 듣고 따라 말해 보세요.

ar
아알

/아/ 소리를 내다가
혀를 동그랗게 말아서
r의 소리를 내.
/아알/이라고 소리 내 봐.

B 잘 듣고 따라 말하면서 ar의 단어를 익혀 보세요.

1

ㅋ　아알

car

2

ㅅㅌ　아알

star

3

p　ar　k
ㅍ　아알　ㅋ

p**ar**k

4

f　ar　m
ㅍ　아알　음

f**ar**m

ar 단어 익히기 ①

A 스티커를 붙인 후, 단어를 리듬에 맞춰 읽어 보세요.

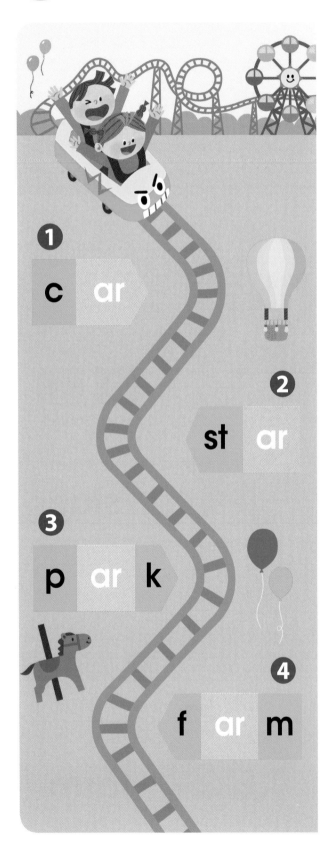

1 c ar

2 st ar

3 p ar k

4 f ar m

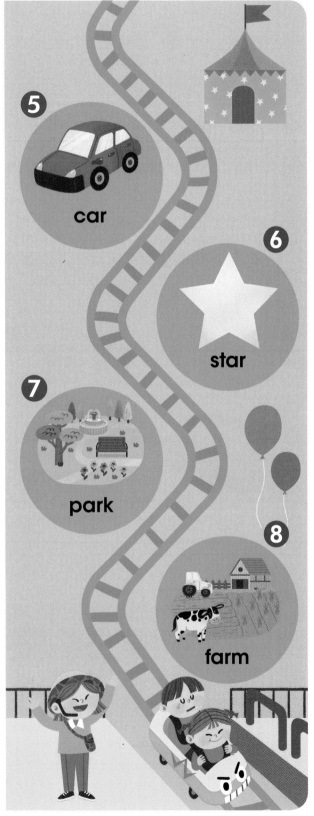

5 car

6 star

7 park

8 farm

▶정답 9쪽

B 잘 듣고 알맞은 글자와 그림을 연결해 보세요.

1. p   ar

2. f   ark

3. st   ar

4. c   arm

2
주

ar 단어 익히기 ②

A 그림을 보고 알맞은 단어에 동그라미 해 보세요.

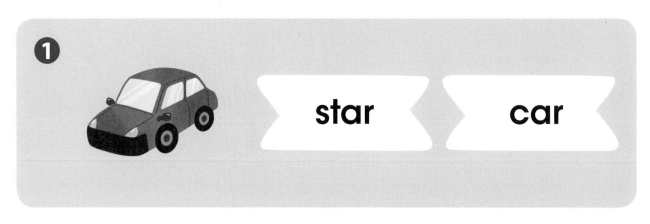

① star car

② park farm

③ star park

④ car farm

B 그림에 알맞은 단어를 찾아 동그라미 하고, 써 보세요.

1.

s t a r p a r k

2.

f a r m c a r

3.

f a r m s t a r

4.

p a r k c a r

5.

m o u s e o i l

6.

t o w n m o o n

or 소리 익히기

📖 or이 단어 속에서 어떻게 소리 나는지 들어 보세요.

A or의 소리를 듣고 따라 말해 보세요.

or

오얼

/오/에 r의 소리를 이어서 /오얼/이라고 발음해 봐.

2
주

B 잘 듣고 따라 말하면서 or의 단어를 익혀 보세요.

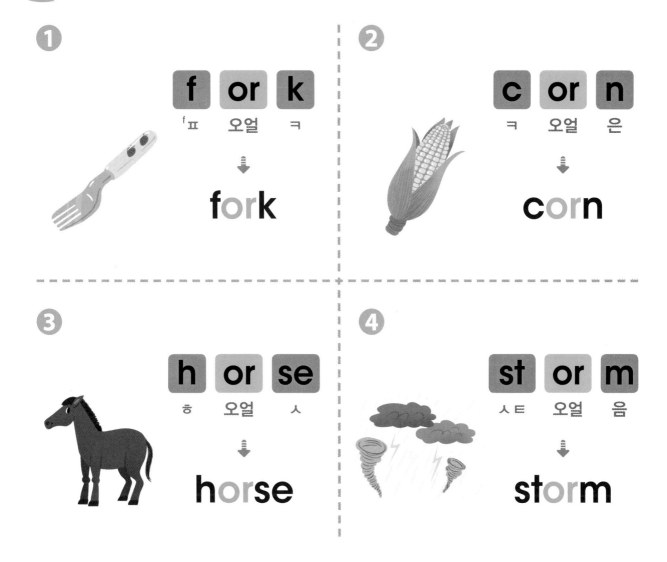

❶

f or k
ᶠㅍ 오얼 ㅋ
↓
fork

❷

c or n
ㅋ 오얼 은
↓
corn

❸

h or se
ㅎ 오얼 ㅅ
↓
horse

❹

st or m
ㅅㅌ 오얼 음
↓
storm

or 단어 익히기 ①

A 스티커를 붙인 후, 단어를 리듬에 맞춰 읽어 보세요.

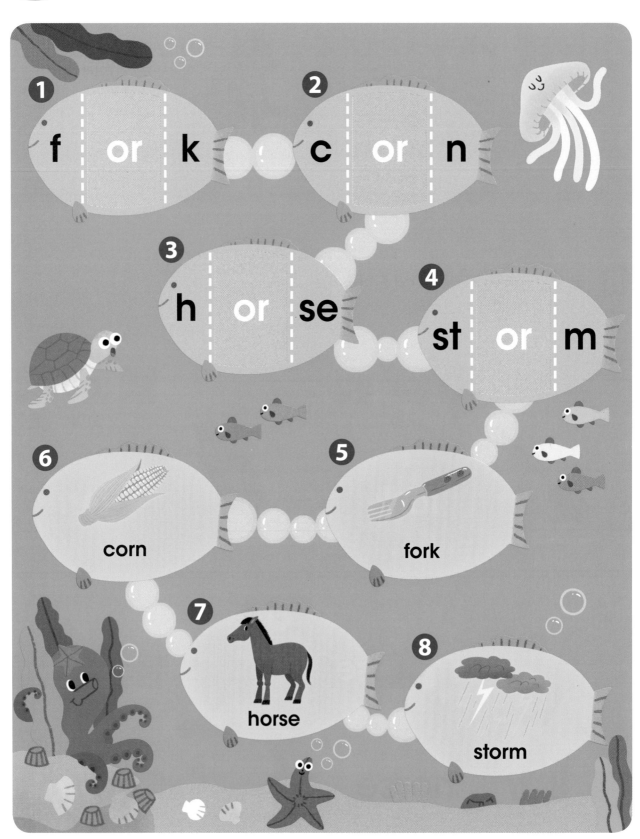

B 잘 듣고 알맞은 글자에 색칠한 후, 그림과 연결해 보세요.

1.

h		
c	or	n

2.

st		
p	or	m

3.

f		
h	or	se

4.

st		
f	or	k

or 단어 익히기 ②

A 그림을 보고 알맞은 단어에 동그라미 해 보세요.

1

horse　　corn

2

storm　　fork

3

storm　　horse

4

corn　　fork

B 그림을 보고 글자를 알맞게 배열하여 단어를 써 보세요.

1.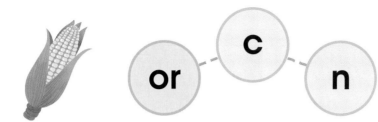

2.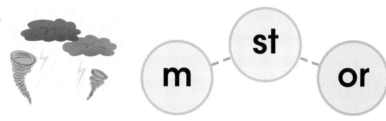

3.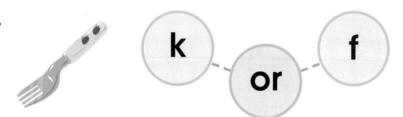

4.

복습
5.

65쪽의 단어들을 읽어 보세요. Level 3B **65**

ir, ur 소리 익히기

📖 ir과 ur이 단어 속에서 어떻게 소리 나는지 들어 보세요.

A ir과 ur의 소리를 듣고 따라 말해 보세요.

ir
어얼

/어/ 소리를 내다가 혀를 동그랗게 말아서 r 소리를 내.

1

b　ir　d
ㅂ　어얼　ㄷ

↕

b**ir**d

2

g　ir　l
ㄱ　어얼　을

↕

g**ir**l

ur
어얼

ur은 ir과 소리가 같아.

3

t　ur　tle
ㅌ　어얼　틀

↕

t**ur**tle

4

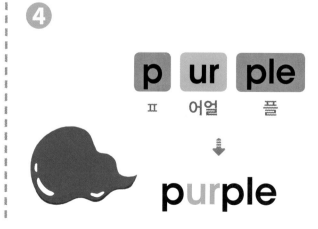

p　ur　ple
ㅍ　어얼　플

↕

p**ur**ple

① 새 ② 여자아이 ③ 바다거북 ④ 보라색 　 Level 3B **67**

ir, ur 단어 익히기 ①

A 스티커를 붙인 후, 단어를 리듬에 맞춰 읽어 보세요.

1. b ir d
2. g ir l
3. t ur tle
4. p ur ple

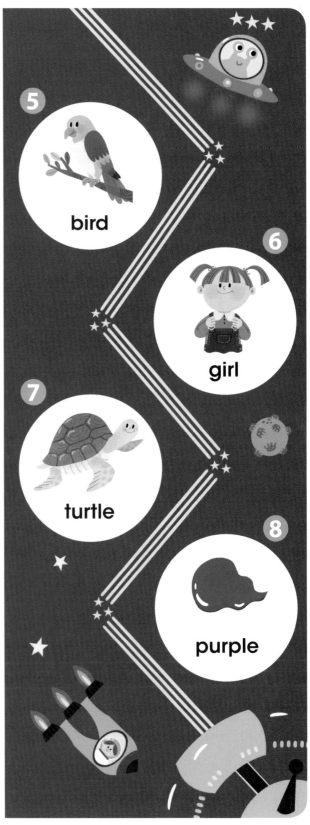

5. bird
6. girl
7. turtle
8. purple

4

B 잘 듣고 알맞은 글자에 색칠한 후, 그림과 연결해 보세요.

1.

b		ple
	ir	
t		d

•   •

2

주

2.

t		tle
	ur	
p		l

•   •

3.

g		l
	ir	
p		d

•   •

4.

p		tle
	ur	
t		ple

•   •

ir, ur 단어 익히기 ②

A 알맞은 단어와 그림을 연결해 보세요.

1. bird ·  · purple

2. purple ·  · bird

3. girl ·  · turtle

4. turtle ·  · girl

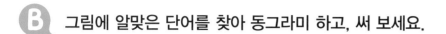

B 그림에 알맞은 단어를 찾아 동그라미 하고, 써 보세요.

1.

birdturtle

_____

2.

girlpurple

_____

3.

girlturtle

_____

4.

purplebird

_____

복습
5.

farmfork

_____

복습
6.

starhorse

_____

er 소리 익히기

📖 er이 단어 속에서 어떻게 소리 나는지 들어 보세요.

A er의 소리를 듣고 따라 말해 보세요.

er
어얼

ir, er, ur은
모두 소리가 같아.
/어/ 소리를 내다가
r 소리를 내.

2
주

B 잘 듣고 따라 말하면서 er의 단어를 익혀 보세요.

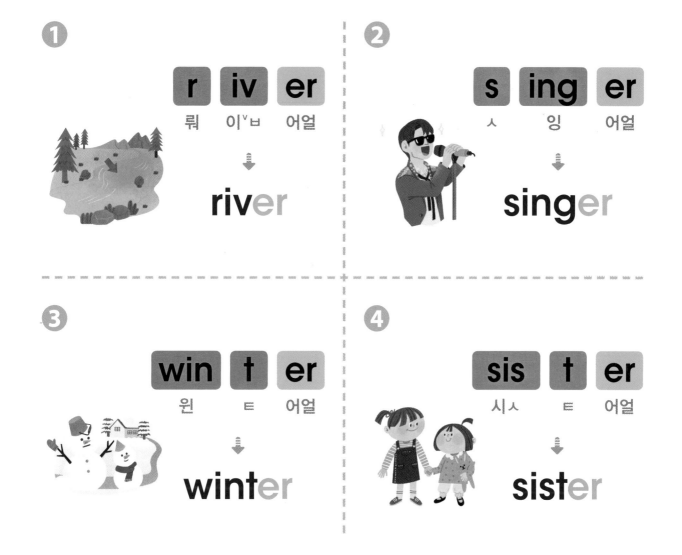

1

r iv er
뤄 이ᵛㅂ 어얼
↓
river

2

s ing er
ㅅ 잉 어얼
↓
singer

3

win t er
윈 ㅌ 어얼
↓
winter

4

sis t er
시ㅅ ㅌ 어얼
↓
sister

er 단어 익히기 ①

A 스티커를 붙인 후, 단어를 리듬에 맞춰 읽어 보세요.

B 잘 듣고 알맞은 글자끼리 연결해 보세요.

1.

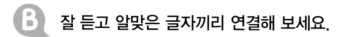

wint

er

sing

2.

riv

er

sist

3.

riv

er

wint

4.

sist

er

sing

er 단어 익히기 ②

 그림을 보고 알맞은 단어에 동그라미 해 보세요.

❶

river   singer

❷

winter   sister

❸

sister   singer

❹

winter   river

B 그림에 알맞은 단어를 찾아 동그라미 하고, 써 보세요.

1.

singerwinter

2.

riversister

3.

sisterwinter

4.

riversinger

복습

5.

stormhorse

복습

6.

birdturtle

77쪽의 단어들을 읽어 보세요.

ar, or, ir, ur, er 복습 ①

A 잘 듣고 알맞은 단어에 동그라미 해 보세요.

❶ p**ar**k
st**ar**

❷ b**ir**d
g**ir**l

❸ sing**er**
wint**er**

❹ c**or**n
f**or**k

❺ t**ur**tle
p**ur**ple

B 잘 듣고 빈칸에 들어갈 글자에 동그라미 해 보세요.

1

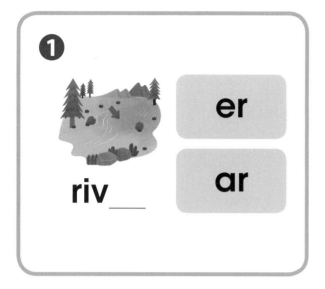

riv___

er

ar

2

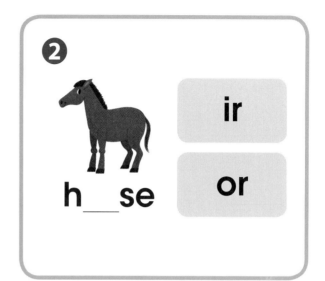

h___se

ir

or

3

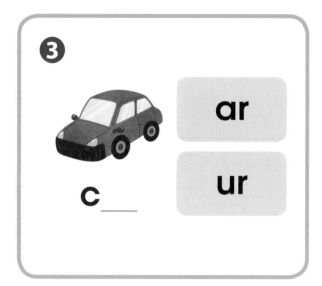

c___

ar

ur

4

t___tle

or

ur

5

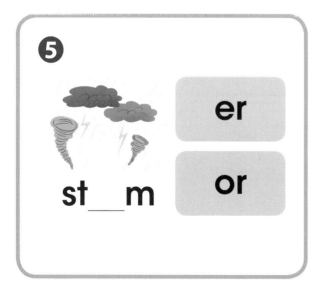

st___m

er

or

6

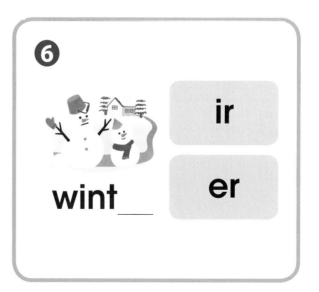

wint___

ir

er

ar, or, ir, ur, er 복습 ②

A 빈칸에 공통으로 들어갈 글자에 동그라미 하고, 단어를 읽어 보세요.

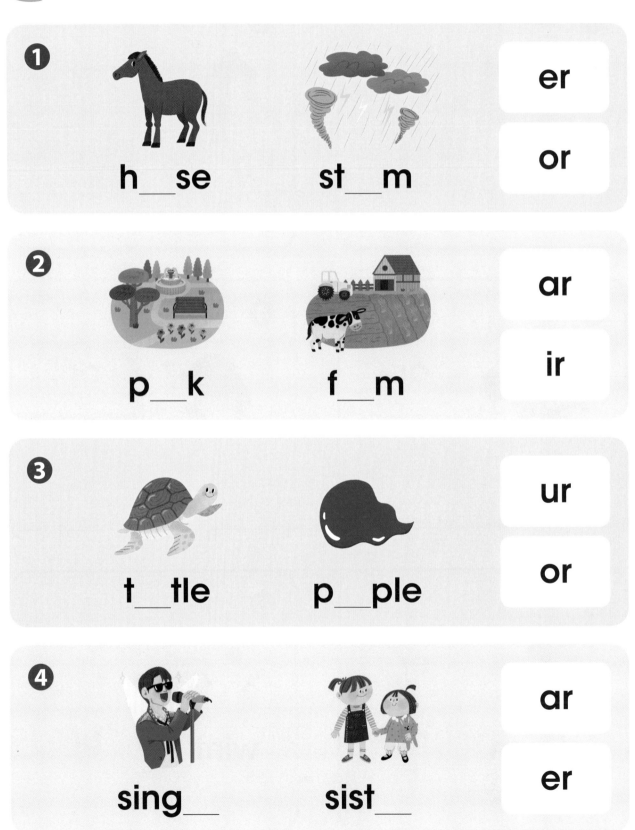

① h__se   st__m   er / or

② p__k   f__m   ar / ir

③ t__tle   p__ple   ur / or

④ sing__   sist__   ar / er

B 빈칸에 알맞은 글자를 찾아 써 보세요.

| ar | er | ir | or | ur |

1.

c [ ] n

2.

b [ ] d

3.

f [ ] k

4.

st [ ]

5.

g [ ] l

6.

riv [ ]

Story Time

 A 이야기를 들으며 따라 읽어 보세요.

1 Joy loves her brown horse.

2 She loves her purple bird.

3 She loves her green car.

4 She loves her sister, too!

Sight Word

she를 찾아라!

B she를 모두 찾아 큰 소리로 읽으면서 동그라미 해 보세요.

s	a	s	h	e
h	l	t	v	f
e	c	n	g	s
v	t	a	c	h
s	h	e	l	e

- she는 '그녀'라는 뜻이에요.
- she는 모두 몇 개인가요? _____개

누구나 100점 TEST

A 잘 듣고 빈칸에 들어갈 글자에 동그라미 해 보세요.

1.

riv___

ar

er

2.
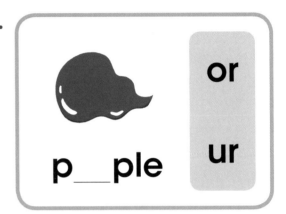

p___ple

or

ur

B 잘 듣고 그림에 알맞은 글자를 연결해 보세요.

1.

c

orn

2.

b

ar

3.

c

ird

C 단어를 읽고 알맞은 그림에 동그라미 해 보세요.

1. farm

2. singer

3. horse

D 그림에 알맞은 글자를 골라 단어를 써 보세요.

1.

or   ur

t ___ tle

2.

ir   er

g ___ l

Brain Game

🔀 정글 속에서 길을 따라가며 퀴즈를 풀어 보세요.

❶ 빈칸에 ir이 들어가는 그림에 동그라미 해 보세요.

f__k   g__l

❷ 빈칸에 들어갈 글자에 동그라미 해 보세요.

riv___   or   er

❸ 빈칸에 들어갈 글자가 같으면 ○표, 다르면 ×표 해 보세요.

st___

b___d

▶정답 15쪽

4 그림을 보고 글자를 연결해 보세요.

p
· ark
· arm

5 단어와 그림을 연결해 보세요.

car ·
corn ·

6 그림을 보고 빈칸에 알맞은 글자를 골라 써 보세요.

ur   ir

p ___ ple

FINISH

A 빈칸에 들어갈 모음 글자를 연결하여 퍼즐을 완성해 보세요.

❶  riv____　　**ar**　　 sist____

❷  c____　　**er**　　 st____

❸  t____tle　　**ir**　　 g____l

❹  b____d　　**or**　　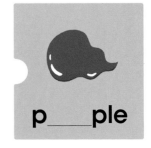 p____ple

❺  c____n　　**ur**　　 f____k

▶정답 16쪽

B 그림을 보고 지워진 글자를 골라 동그라미 해 보세요.

① f　m

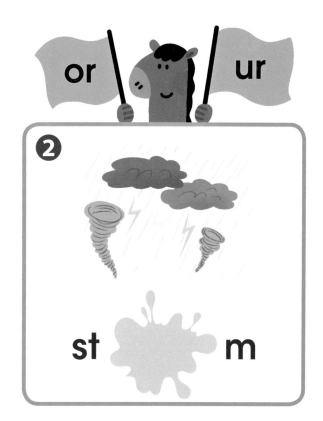

② st　m

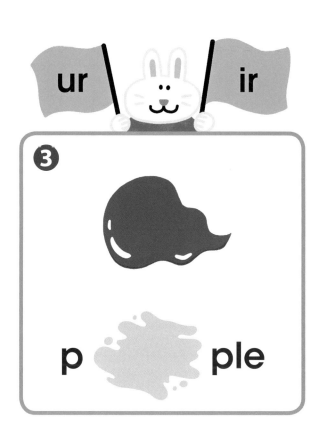

③ p　ple

④ wint

창의·융합·코딩 ❸ ▶ *Brain Game*

 A 그림 조각을 바르게 배열하면 나오게 될 단어를 써 보세요.

①

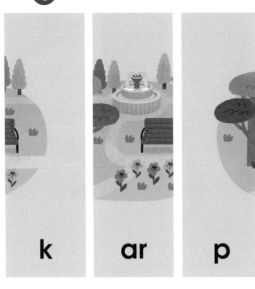

k   ar   p

---

②

ir   b   d

---

③

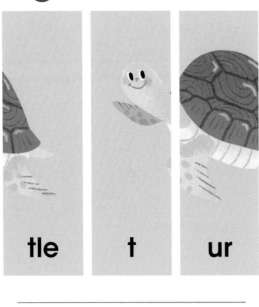

tle   t   ur

---

④

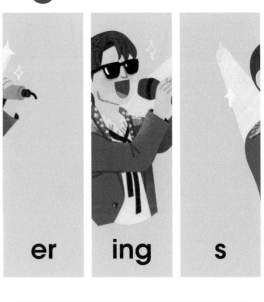

er   ing   s

▶정답 16쪽

B 사다리를 타고 내려가서 단어를 쓴 후, 그림 스티커를 붙여 보세요.

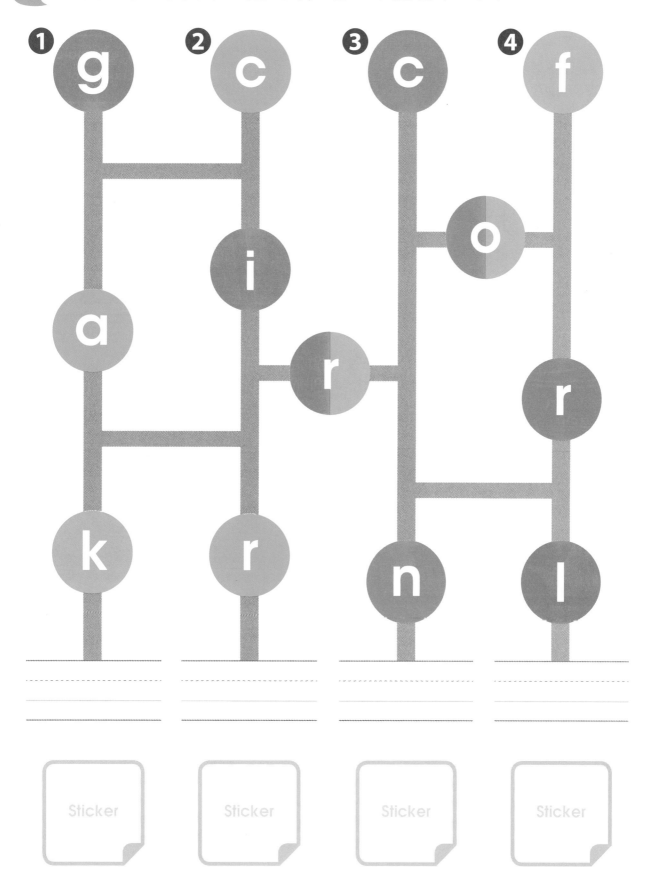

❶ g ❷ c ❸ c ❹ f

Sticker   Sticker   Sticker   Sticker

이번 주에는 무엇을 배울까? ❶

7 y는 모음도 있어. 둘이 모양은 같아도 소리가 달라.

어떻게 알아?

8 전에 얼음 나라에서 만난 적이 있어.

\아이/ \이-/

9 아무튼 모음 y가 두 개라는 거지?

y y

테테, 빨리 타. 서둘러!

부릉 부릉

10 안 올라가네. 내려서 밀어 봐.

뭐? 내가?

털 털

11 힘들어.

더 힘껏!

끙

▶정답 17쪽

주로 단어의 끝에 쓰이는 모음들이에요. 알맞은 스티커를 붙여 보세요.

dr aw

cand y

Quiz

글자의 모양은 같지만 소리가 다른 모음 두 개를 찾아 동그라미 해 보세요.

y 소리 익히기

📖 y가 단어 속에서 어떻게 소리 나는지 들어 보세요.

A y의 소리를 듣고 따라 말해 보세요.

y 아이

모음 y의 소리는
/아이/!
i의 이름 소리와 같아.

B 잘 듣고 따라 말하면서 y의 단어를 익혀 보세요.

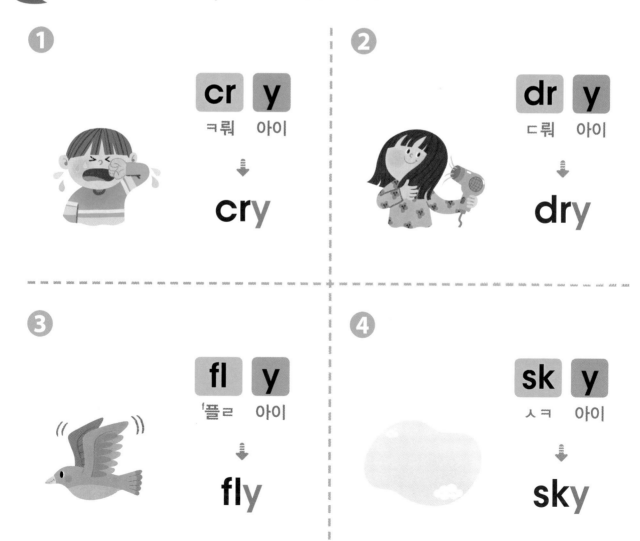

① cr y
ㅋ뤄 아이
cry

② dr y
ㄷ뤄 아이
dry

③ fl y
ᶠ플ㄹ 아이
fly

④ sk y
ㅅㅋ 아이
sky

y 단어 익히기 ①

 A 스티커를 붙인 후, 단어를 리듬에 맞춰 읽어 보세요.

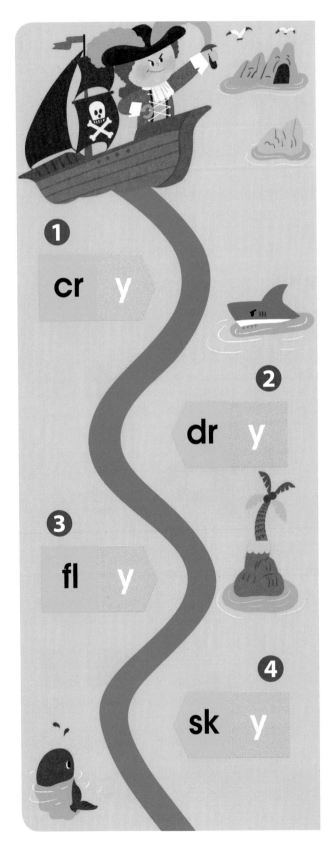

1 cr y

2 dr y

3 fl y

4 sk y

5 cry

6 dry

7 fly

8 sky

B 잘 듣고 알맞은 글자끼리 연결해 보세요.

1.

sk

y

fl

2.

dr

y

cr

3.

cr

y

fl

4.

dr

y

sk

3
주

y 단어 익히기 ②

A 그림을 보고 알맞은 단어에 동그라미 해 보세요.

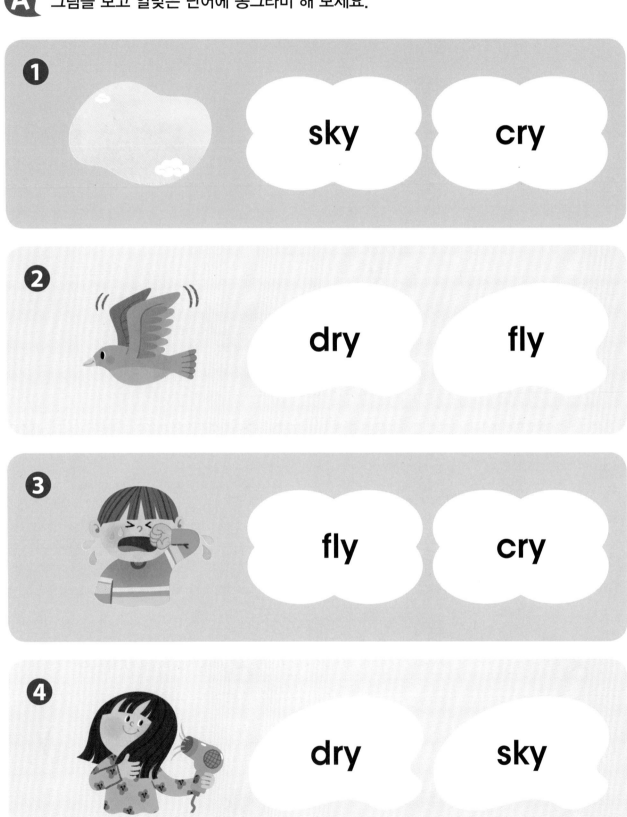

❶ sky　cry

❷ dry　fly

❸ fly　cry

❹ dry　sky

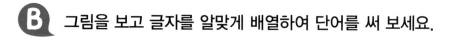

B 그림을 보고 글자를 알맞게 배열하여 단어를 써 보세요.

1.

(r) - (y) - (d)

2.

(s) - (y) - (k)

3.

(l) - (f) - (y)

4.

(y) - (r) - (c)

복습
5.

(c) - (n) - (or)

복습
6.

(f) - (oo) - (r)

y 소리 익히기

 y가 단어 속에서 어떻게 소리 나는지 들어 보세요.

A y의 소리를 듣고 따라 말해 보세요.

y
이-

모음 y의 또 다른
소리는 /이-/!
e의 이름 소리와 같아.

B 잘 듣고 따라 말하면서 y의 단어를 익혀 보세요.

1

c an d y
ㅋ 앤 ㄷ 이-

↓

candy

2

p ar t y
ㅍ 아알 ㅌ 이-

↓

party

3

h a pp y
ㅎ 애 ㅍ 이-

↓

happy

4

ch e rr y
ㅊ 에 뤄 이-

↓

cherry

① 사탕 ② 파티 ③ 행복한 ④ 체리

y 단어 익히기 ①

A 스티커를 붙인 후, 단어를 리듬에 맞춰 읽어 보세요.

B 잘 듣고 알맞은 글자와 그림을 연결해 보세요.

1.

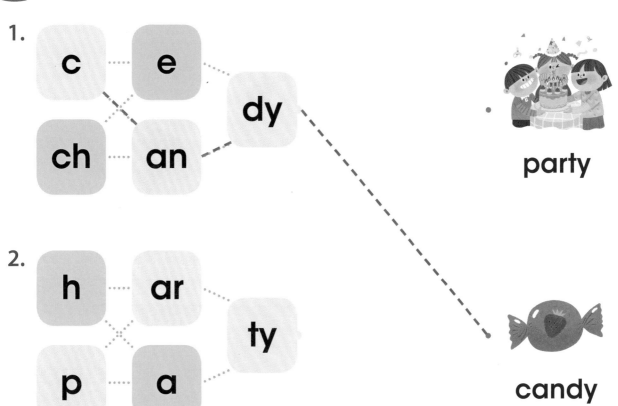

c   e

ch   an

dy

party

2.

h   ar

p   a

ty

candy

3.

ch   ar

p   e

rry

happy

4.

h   a

c   an

ppy

cherry

y 단어 익히기 ②

A 그림을 보고 알맞은 단어에 동그라미 해 보세요.

1

party   candy

2

cherry   happy

3

cherry   party

4

happy   candy

B 그림에 알맞은 단어를 찾아 동그라미 하고, 써 보세요.

1.

candyparty

2.

cherryhappy

3.

cherrycandy

4.

partyhappy

5. 복습

dryfly

6. 복습

skycry

107쪽의 단어들을 읽어 보세요.

aw 소리 익히기

📖 aw가 단어 속에서 어떻게 소리 나는지 들어 보세요.

A aw의 소리를 듣고 따라 말해 보세요.

aw
어-

모음 **a**가 **w**를 만나면
새로운 소리로 변해.
/어-/라고 발음해 봐.

B 잘 듣고 따라 말하면서 aw의 단어를 익혀 보세요.

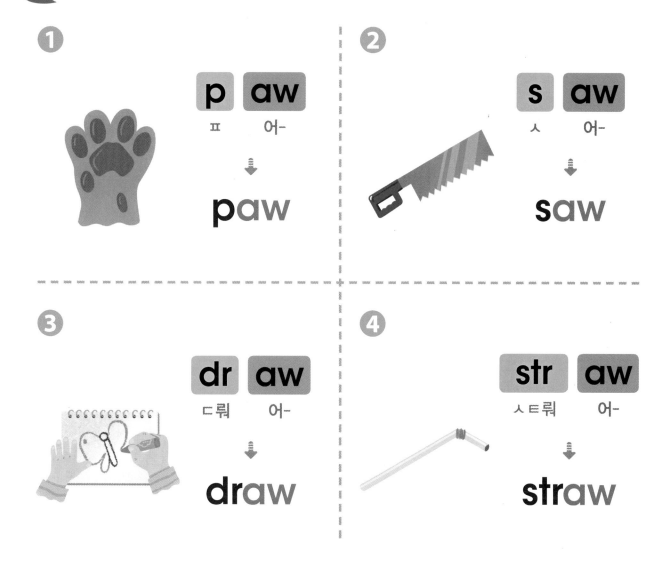

①

p aw
ㅍ　어-
↓
paw

②

s aw
ㅅ　어-
↓
saw

③

dr aw
드뤄　어-
↓
draw

④

str aw
ㅅ트뤄　어-
↓
straw

① (동물의) 발 ② 톱 ③ 그리다 ④ 빨대　　Level 3B **109**

aw 단어 익히기 ①

A 스티커를 붙인 후, 단어를 리듬에 맞춰 읽어 보세요.

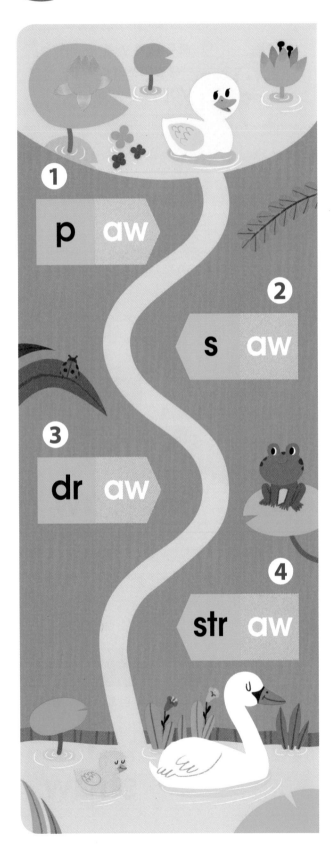

1. **p** aw
2. **s** aw
3. **dr** aw
4. **str** aw

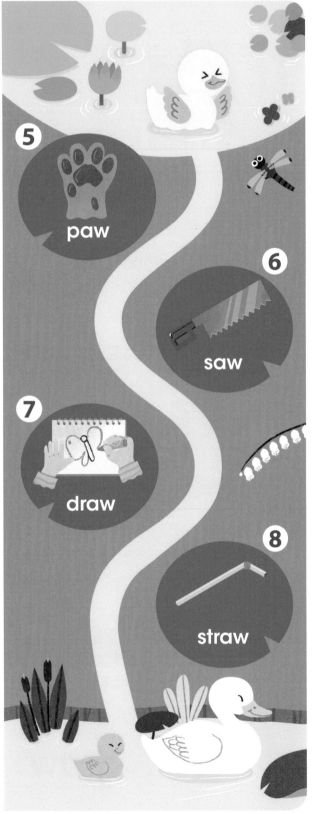

5. paw
6. saw
7. draw
8. straw

▶정답 19쪽

B 잘 듣고 알맞은 글자끼리 연결해 보세요.

1.

p

aw

s

2.

dr

aw

str

3.

dr

aw

p

4.

s

aw

str

aw 단어 익히기 ②

A 알맞은 단어와 그림을 연결해 보세요.

1.
saw ·

· draw

2.
draw ·

· straw

3.
paw ·

· saw

4.
straw ·

· paw

B 그림에 알맞은 단어를 찾아 동그라미 하고, 써 보세요.

1.

d r a w p a w

_____

2.

s a w d r a w

_____

3.

s t r a w p a w

_____

4.

s a w s t r a w

_____

5.

s k y c a n d y

_____

6.

d r y p a r t y

_____

113쪽의 단어들을 읽어 보세요.   Level 3B **113**

all 소리 익히기

📖 all이 단어 속에서 어떻게 소리 나는지 들어 보세요.

all의 소리를 듣고 따라 말해 보세요.

all
얼-

/어-/ 소리 뒤에
ㅣ의 소리를 붙여서
/얼-/이라고 소리 내 봐.

B 잘 듣고 따라 말하면서 all의 단어를 익혀 보세요.

①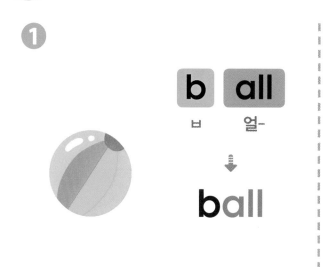

b all
ㅂ 얼-
⬇
ball

②

f all
ᶠㅍ 얼-
⬇
fall

③

t all
ㅌ 얼-
⬇
tall

④

sm all
ㅅㅁ 얼-
⬇
small

① 공 ② 가을 ③ 키가 큰 ④ 크기가 작은   Level 3B **115**

4일 all 단어 익히기 ①
PHONICS

3

A 스티커를 붙인 후, 단어를 리듬에 맞춰 읽어 보세요.

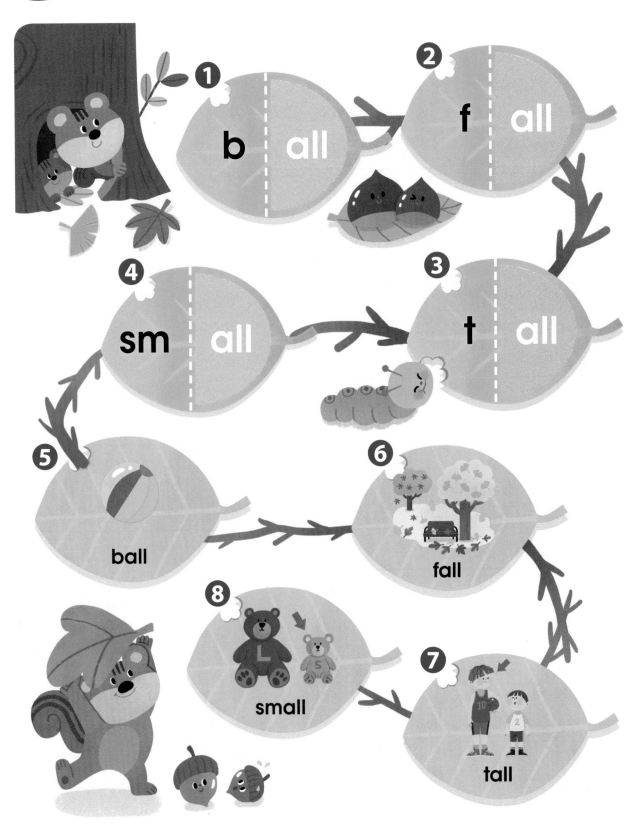

1 b all

2 f all

3 t all

4 sm all

5 ball

6 fall

7 tall

8 small

▶정답 20쪽

B 잘 듣고 알맞은 글자에 색칠한 후, 그림과 연결해 보세요.

1.

f	all
b	

2.

sm	all
t	

3.

f	all
t	

4.

b	all
sm	

all 단어 익히기 ②

Ⓐ 그림을 보고 알맞은 단어에 동그라미 해 보세요.

①

ball   fall

②

tall   small

③

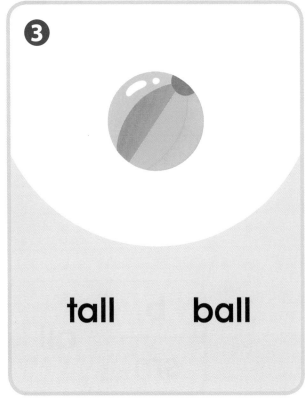

tall   ball

④

fall   small

B 그림을 보고 글자를 알맞게 배열하여 단어를 써 보세요.

1.

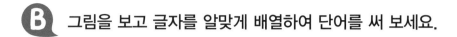

2.

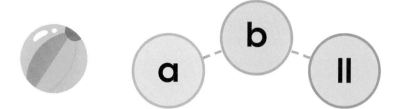

3.

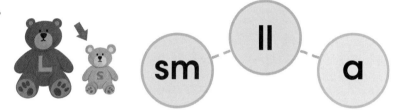

4.

복습

5.

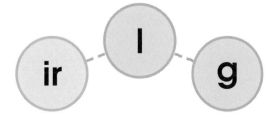

119쪽의 단어들을 읽어 보세요.

y, aw, all 복습 ①

 A 잘 듣고 알맞은 단어에 동그라미 해 보세요.

1 ball / tall

2 sky / dry

3 fly / party

4 straw / draw

5 cherry / candy

B 잘 듣고 빈칸에 들어갈 글자에 동그라미 해 보세요.

①

p___   aw   all

②

happ___   aw   y

③

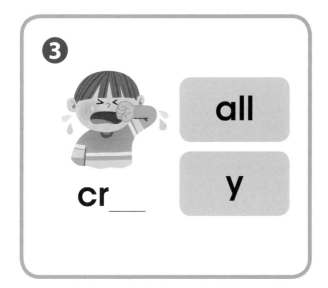

cr___   all   y

④

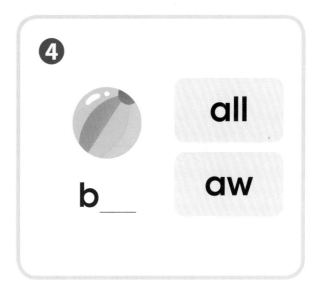

b___   all   aw

⑤

sm___   aw   all

⑥

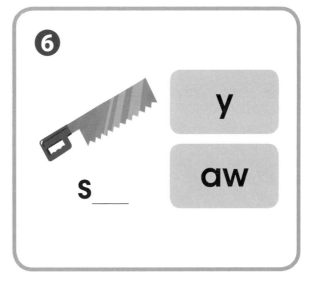

s___   y   aw

y, aw, all 복습 ②

A 빈칸에 공통으로 들어갈 글자에 동그라미 하고, 단어를 읽어 보세요.

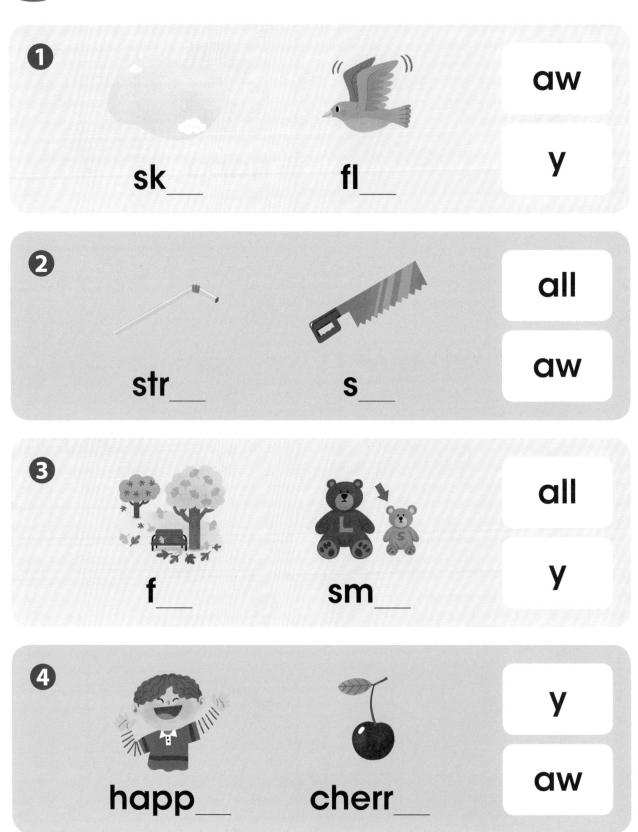

①

sk___   fl___

aw
y

②

str___   s___

all
aw

③

f___   sm___

all
y

④

happ___   cherr___

y
aw

B 빈칸에 알맞은 글자를 찾아 써 보세요.

y   aw   all

1.

p

2.

dr

3.

t

4.

part

5.

b

6.

dr

Story Time

 A 이야기를 들으며 따라 읽어 보세요.

1

We fly high to the sky.

2

We see some cherry trees.

3

We eat some small candy canes.

4

We draw a happy smile!

Sight Word

some을 찾아라!

B some을 모두 찾아 큰 소리로 읽으면서 연결해 보세요.

- some은 '약간, 몇몇'이라는 뜻이에요.
- some은 모두 몇 개인가요? _____개

A 잘 듣고 빈칸에 들어갈 글자에 동그라미 해 보세요.

1.

happ___   aw   y

2.

f___   all   aw

B 잘 듣고 그림에 알맞은 글자를 연결해 보세요.

1.
   p   y

2.
   fl   all

3.
   b   aw

C 단어를 읽고 알맞은 그림에 동그라미 해 보세요.

1.
straw

2.
tall

3.
cherry

3
주

D 그림에 알맞은 글자를 골라 단어를 써 보세요.

1.

all   aw

dr

2.

aw   y

dr

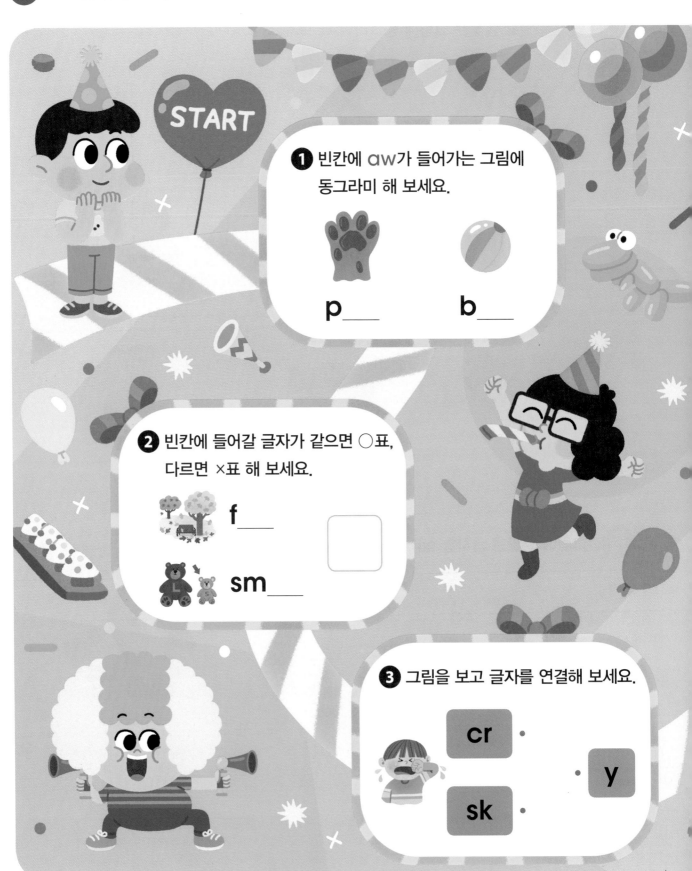

3주 특강

Brain Game

〰️ 퀴즈를 풀면서 생일 케이크에 도착해 보세요.

START

❶ 빈칸에 aw가 들어가는 그림에 동그라미 해 보세요.

p___   b___

❷ 빈칸에 들어갈 글자가 같으면 ○표, 다르면 ×표 해 보세요.

f___

sm___

❸ 그림을 보고 글자를 연결해 보세요.

cr ·

· y

sk ·

▶정답 23쪽

4 그림을 보고 알맞은 단어에 동그라미 해 보세요.

happy
cherry

5 단어와 그림을 연결해 보세요.

saw

fly

6 그림을 보고 빈칸에 알맞은 글자를 골라 써 보세요.

aw all

dr

FINISH

Brain Game

창의·융합·코딩 ②

A 공룡이 찾는 것은 무엇일까요? 빈칸에 들어갈 글자를 따라가 보세요.

dr_____

y   aw

sm_____   sk_____

aw   all   y   all

happ_____   fl_____   t_____

y   aw   all   y   aw   all

▶정답 24쪽

B 그림을 보고 퍼즐에서 단어를 찾아 동그라미 해 보세요.

①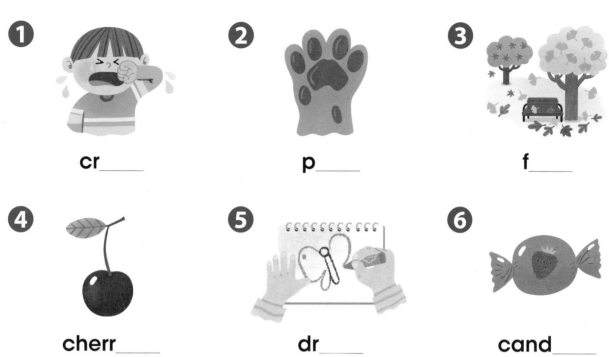
cr_____

② p_____

③ f_____

④ cherr_____

⑤ dr_____

⑥ cand_____

a	f	m	x	l	d
c	a	n	d	y	r
r	l	h	r	z	a
y	l	p	a	w	w
c	h	e	r	r	y

A 규칙에 맞게 빈칸에 그림을 그려 보세요.

❶

candy   candy   fly   candy   ?   fly

❷

saw   straw   ball   saw   straw   ?

❸

happy   cherry   cry   ?   cherry   cry

- 그린 그림에 해당하는 단어를 써 보세요.

❶

❷

❸

▶정답 24쪽

B 화살표 방향대로 이동해서 자물쇠를 열기 위한 비밀 단어를 찾아 써 보세요.

1

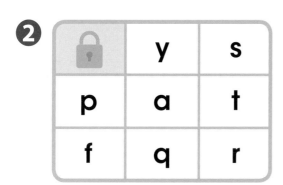

2

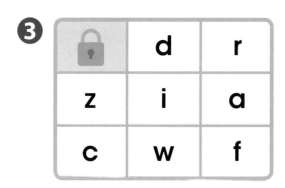

3

🔒	d	r
z	i	a
c	w	f

→ → ↓ ↙

● 그림에 해당하는 단어의 자물쇠에 동그라미 해 보세요.

6 전에 kn과 wr을 만난 적이 있는데, 마스크를 쓴 자음이 있었어.

왜? 소리를 못 내서?

7 만나서 확인해 보자. 저걸 타고 가면 빠를 거야.

좋아!

8 으... 이거 왠지 무서운데.

9 더 빨리 달려!

다 다 다

달리고 있어....

10 테테, 눈을 떠 봐!

끙

아니, 무서워.

Level 3B 135

🎾 두 글자가 만나면 새로운 자음 소리가 나요. 알맞은 스티커를 붙여 보세요.

Quiz

모음 e 앞에서 소리가 달라지는 자음 c와 g를 찾아 동그라미 해 보세요.

ce 소리 익히기

📖 ce가 단어 속에서 어떻게 소리 나는지 들어 보세요.

A ce의 소리를 듣고 따라 말해 보세요.

c → ce **s**

ㅋ 　 ㅅ

C는 원래 /ㅋ/ 소리인데, 뒤에 e가 있으면 /ㅅ/로 소리 나. S와 소리가 같아.

B 잘 듣고 따라 말하면서 ce의 단어를 익혀 보세요.

① i ce
아이 ㅅ
↓
ice

② r i ce
뤄 아이 ㅅ
↓
rice

③ f a ce
ᶠㅍ 에이 ㅅ
↓
face

④ r a ce
뤄 에이 ㅅ
↓
race

① 얼음 ② 쌀, 밥 ③ 얼굴 ④ 경주, 달리기 시합 　 Level 3B **139**

ce 단어 익히기 ①

A 스티커를 붙인 후, 단어를 리듬에 맞춰 읽어 보세요.

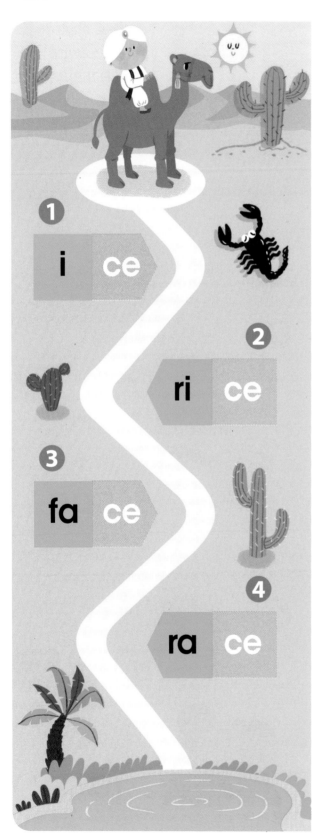

1. i ce
2. ri ce
3. fa ce
4. ra ce

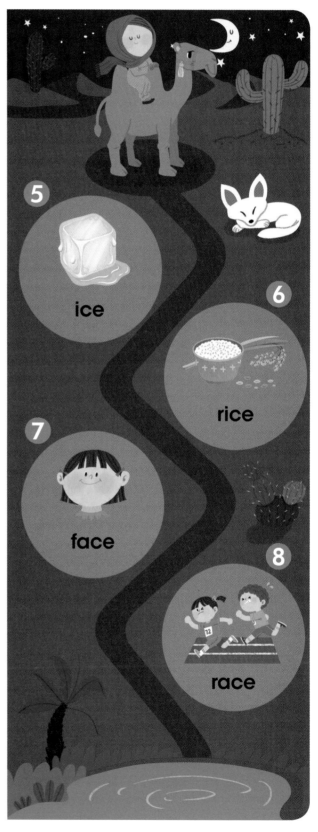

5. ice
6. rice
7. face
8. race

B 잘 듣고 알맞은 글자와 그림을 연결해 보세요.

1.

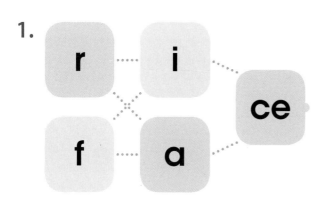

rice

2.

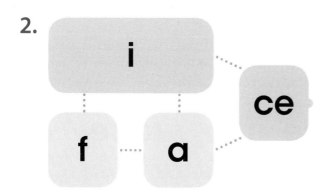

face

3.

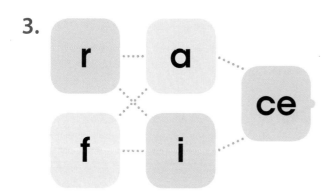

race

4.

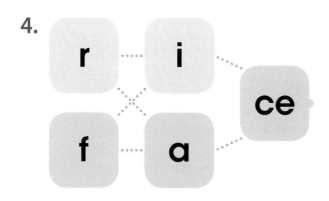

ice

ce 단어 익히기 ②

A 그림을 보고 알맞은 단어에 동그라미 해 보세요.

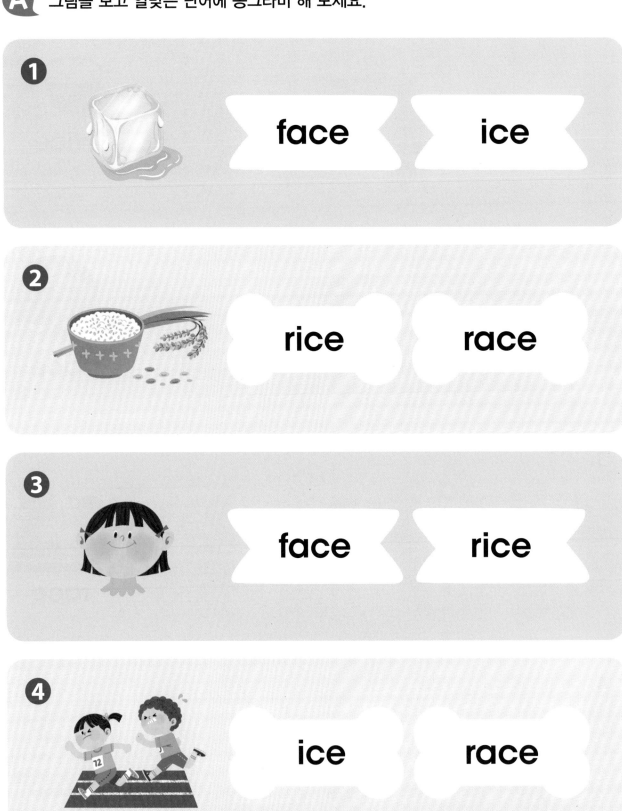

1 face · ice

2 rice · race

3 face · rice

4 ice · race

B 그림을 보고 글자를 알맞게 배열하여 단어를 써 보세요.

1.

r c i e

_____

2.

a e c f

_____

3.

a e r c

_____

4.

e i c

_____

복습
5.

or f k

_____

복습
6.

nt ou c

_____

ge 소리 익히기

📖 ge가 단어 속에서 어떻게 소리 나는지 들어 보세요.

A ge의 소리를 듣고 따라 말해 보세요.

g는 원래 /ㄱ/ 소리인데, 뒤에 e가 있으면 /ㅈ/로 소리 나. j와 같은 소리야.

B 잘 듣고 따라 말하면서 ge의 단어를 익혀 보세요.

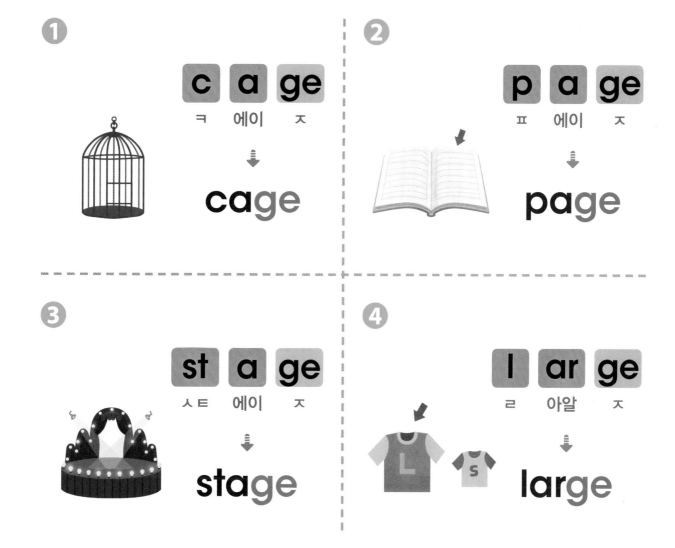

① c a ge
ㅋ 에이 ㅈ
cage

② p a ge
ㅍ 에이 ㅈ
page

③ st a ge
ㅅㅌ 에이 ㅈ
stage

④ l ar ge
ㄹ 아알 ㅈ
large

4주

① 새장, 동물 우리 ② 페이지, 쪽 ③ 무대 ④ 크기가 큰

ge 단어 익히기 ①

A 스티커를 붙인 후, 단어를 리듬에 맞춰 읽어 보세요.

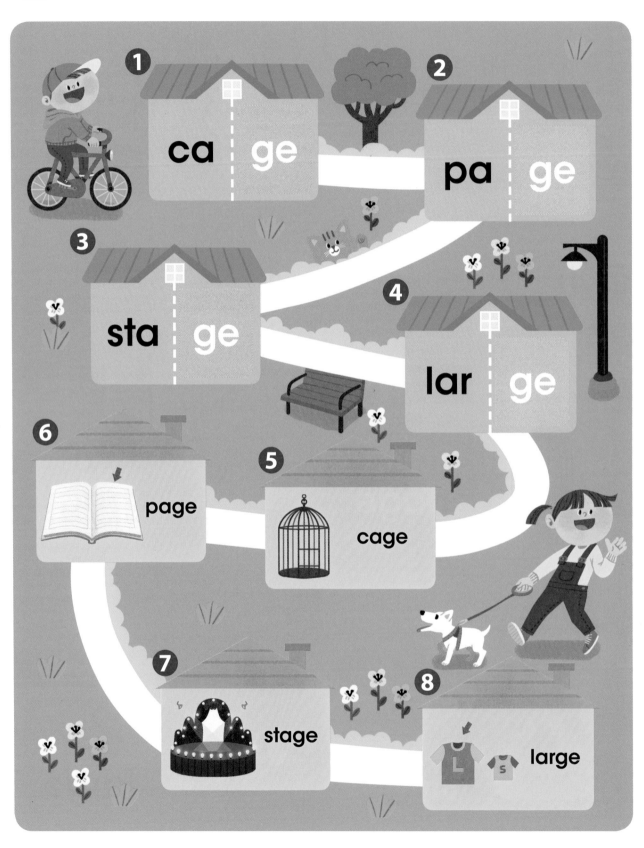

B 잘 듣고 알맞은 글자와 그림을 연결해 보세요.

1.

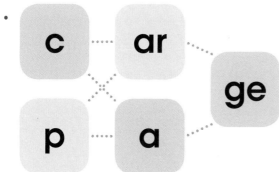

page

2.

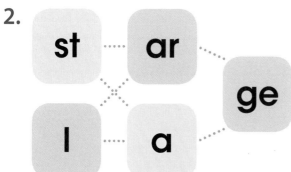

cage

3.

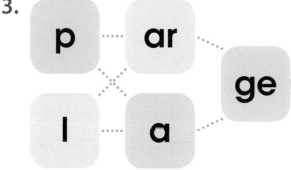

stage

4.

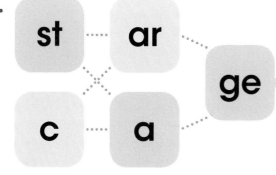

large

ge 단어 익히기 ②

A 그림을 보고 알맞은 단어에 동그라미 해 보세요.

❶ cage   page

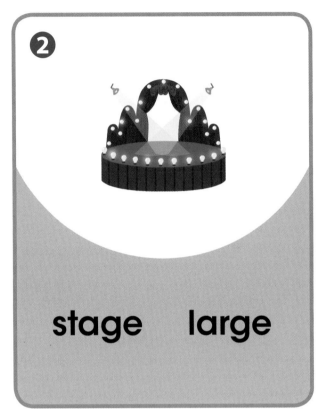

❷ stage   large

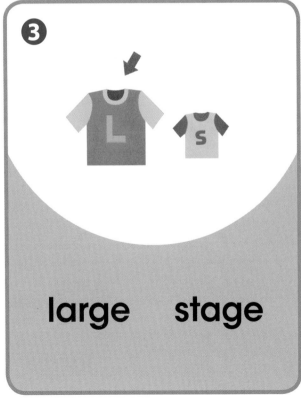

❸ large   stage

❹ cage   page

B 그림에 알맞은 단어를 찾아 동그라미 하고, 써 보세요.

1.

largepage

_____

2.

cagestage

_____

3.

cagelarge

_____

4.

pagestage

_____

복습
5.

iceface

_____

복습
6.

racerice

_____

149쪽의 단어들을 읽어 보세요.　Level 3B **149**

kn 소리 익히기

📖 kn이 단어 속에서 어떻게 소리 나는지 들어 보세요.

A kn의 소리를 듣고 따라 말해 보세요.

소리가 나지 않아. **kn** **n**
ㄴ

자음 k와 n이 만나면 k는 소리 나지 않고 n의 소리만 나. /ㄴ/라고 발음해 봐.

B 잘 듣고 따라 말하면서 kn의 단어를 익혀 보세요.

❶

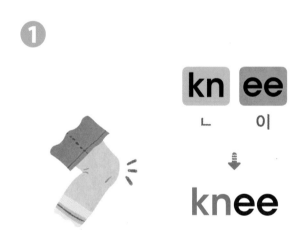

kn ee
ㄴ 이
⬇
knee

❷

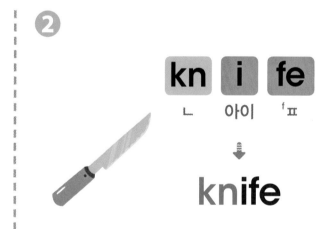

kn i fe
ㄴ 아이 fㅍ
⬇
knife

❸

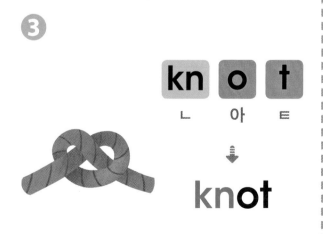

kn o t
ㄴ 아 ㅌ
⬇
knot

❹

kn o ck
ㄴ 아 ㅋ
⬇
knock

① 무릎 ② 칼 ③ 매듭 ④ 노크하다　　Level 3B **151**

kn 단어 익히기 ①

A 스티커를 붙인 후, 단어를 리듬에 맞춰 읽어 보세요.

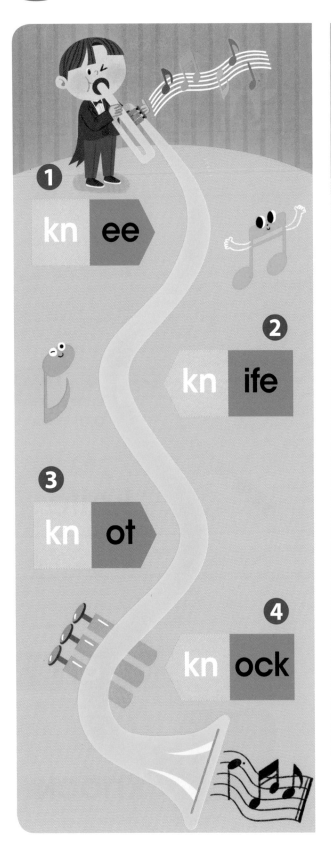

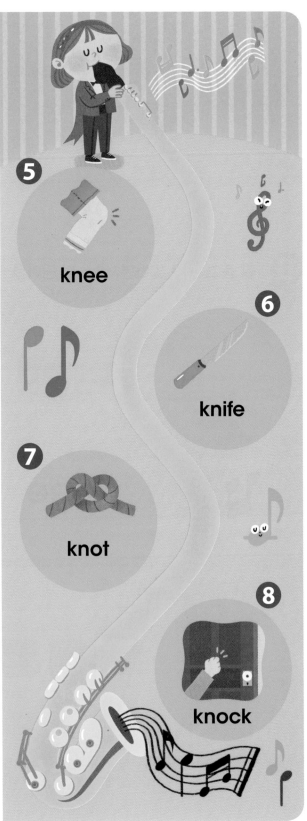

① kn ee

② kn ife

③ kn ot

④ kn ock

⑤ knee

⑥ knife

⑦ knot

⑧ knock

▶정답 27쪽

B 잘 듣고 알맞은 글자끼리 연결해 보세요.

1.

ot

kn

ock

2.

ee

kn

ife

4
주

3.

ee

kn

ot

4.

ife

kn

ock

kn 단어 익히기 ②

A 알맞은 단어와 그림을 연결해 보세요.

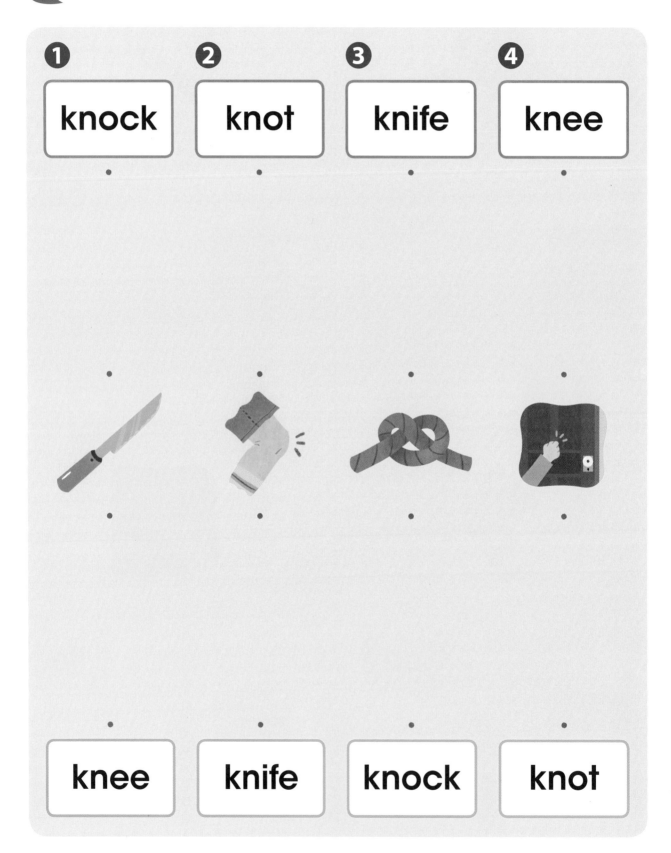

① knock ② knot ③ knife ④ knee

knee knife knock knot

B 그림에 알맞은 단어를 찾아 동그라미 하고, 써 보세요.

1.

k n o c k k n i f e

2.

k n o t k n e e

3.

k n o t k n i f e

4.

k n o c k k n e e

복습
5.

l a r g e p a g e

복습
6.

i c e r i c e

155쪽의 단어들을 읽어 보세요. Level 3B **155**

wr 소리 익히기

📖 wr이 단어 속에서 어떻게 소리 나는지 들어 보세요.

A wr의 소리를 듣고 따라 말해 보세요.

소리가 나지 않아.

~~w~~r

뤄

r

자음 w와 r이 만나면 w는 소리 나지 않고 r의 소리만 나. 혀를 둥글게 말아 /뤄/라고 소리 내 봐.

B 잘 듣고 따라 말하면서 wr의 단어를 익혀 보세요.

①

wr a p
뤄 애 ㅍ
↕
wrap

②

wr i te
뤄 아이 ㅌ
↕
write

③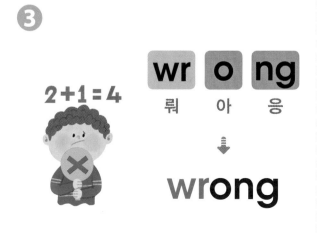

2+1=4

wr o ng
뤄 아 응
↕
wrong

④

wr i st
뤄 이 ㅅㅌ
↕
wrist

wr 단어 익히기 ①

A 스티커를 붙인 후, 단어를 리듬에 맞춰 읽어 보세요.

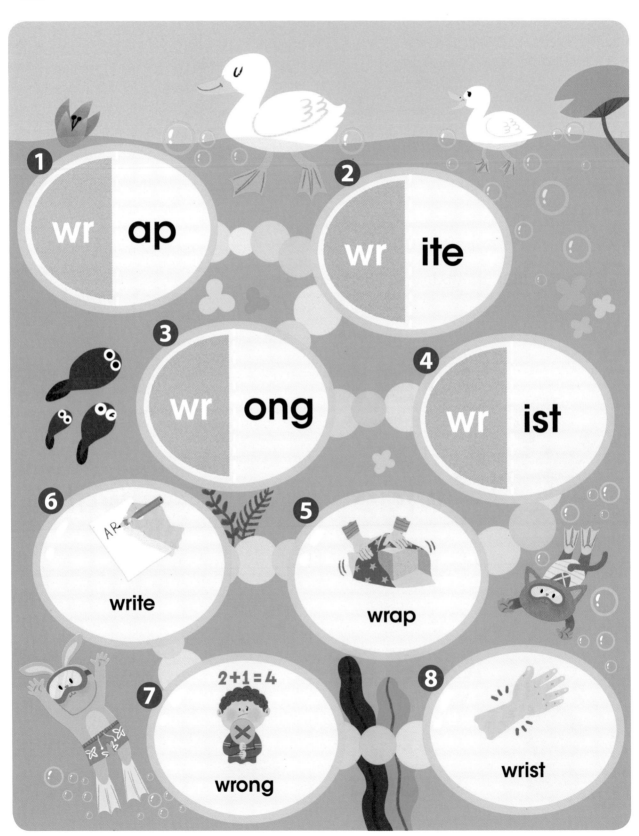

1. wr ap
2. wr ite
3. wr ong
4. wr ist
6. write
5. wrap
7. wrong
8. wrist

B 잘 듣고 알맞은 글자에 색칠한 후, 그림과 연결해 보세요.

1.

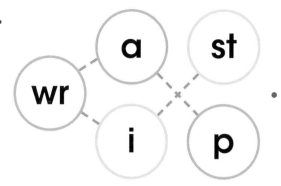

wrist

2.

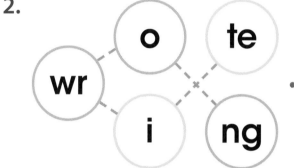

wrap

3.

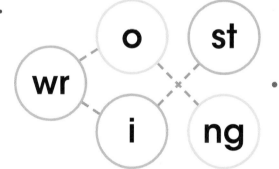

write

4.

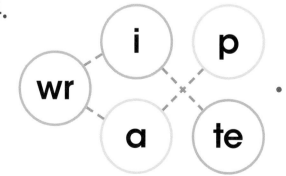

wrong

wr 단어 익히기 ②

A 그림을 보고 알맞은 단어에 동그라미 해 보세요.

①

write   wrap

②

wrist   wrong

③

write   wrist

④

wrap   wrong

▶정답 29쪽

B 그림을 보고 글자를 알맞게 배열하여 단어를 써 보세요.

1.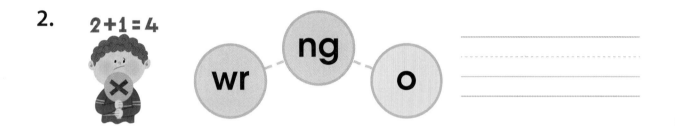

2.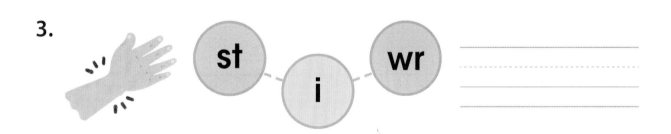

3.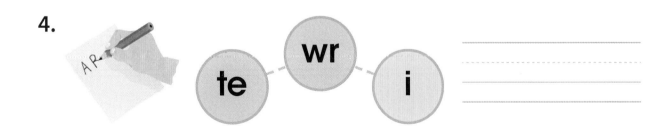

4.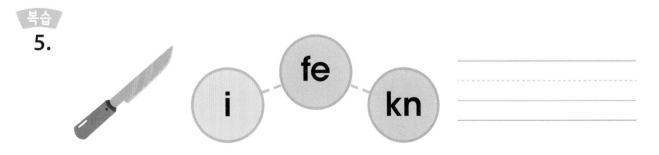

복습
5.

ce, ge, kn, wr 복습 ①

A 잘 듣고 알맞은 단어에 동그라미 해 보세요.

① write / wrap

② race / face

③ cage / stage

④ knee / knife

⑤ race / page

▶정답 29쪽

B 잘 듣고 빈칸에 들어갈 글자에 동그라미 해 보세요.

❶

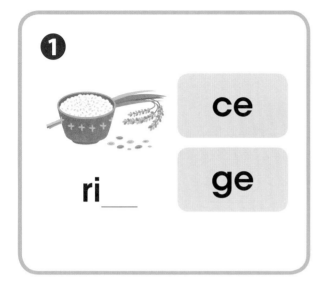

ri___　　ce / ge

❷

___ock　　kn / wr

❸

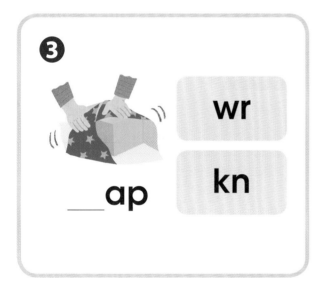

___ap　　wr / kn

❹

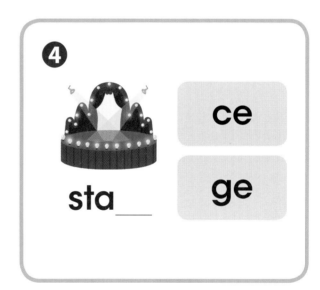

sta___　　ce / ge

❺

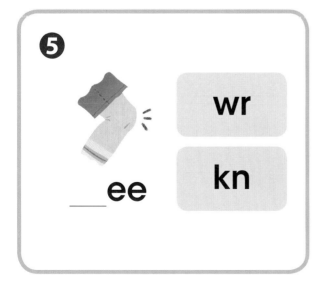

___ee　　wr / kn

❻

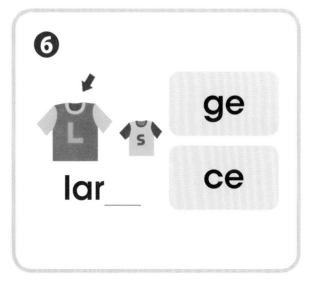

lar___　　ge / ce

ce, ge, kn, wr 복습 ②

A 빈칸에 공통으로 들어갈 글자에 동그라미 하고, 단어를 읽어 보세요.

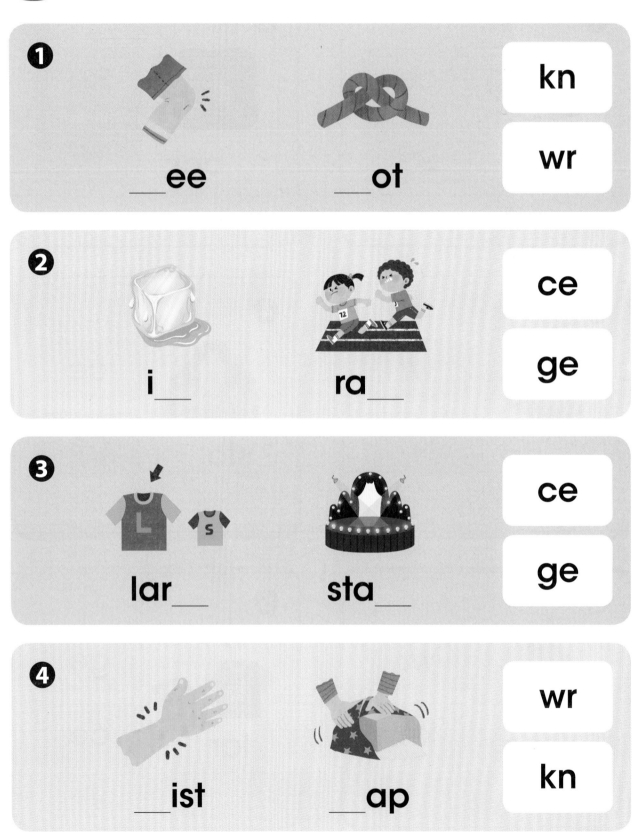

① ___ee   ___ot | kn | wr |

② i___   ra___ | ce | ge |

③ lar___   sta___ | ce | ge |

④ ___ist   ___ap | wr | kn |

B 빈칸에 알맞은 글자를 찾아 써 보세요.

ce	ge	kn	wr

1.

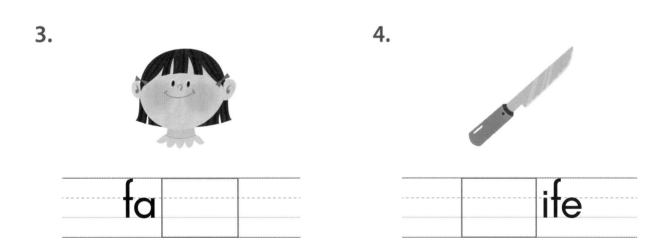

ca | | |

2.

| | ite

3.

fa | | |

4.

| | ife

5.

pa | | |

6.

| | ong

Story Time

 이야기를 들으며 따라 읽어 보세요.

What is wrong with my face?

What is wrong with my knee?

What is wrong with my wrist?

Knock! Knock! Help us, Dr. Sage!

what을 찾아라!

▶정답 30쪽

B what을 모두 찾아 큰 소리로 읽으면서 동그라미 해 보세요.

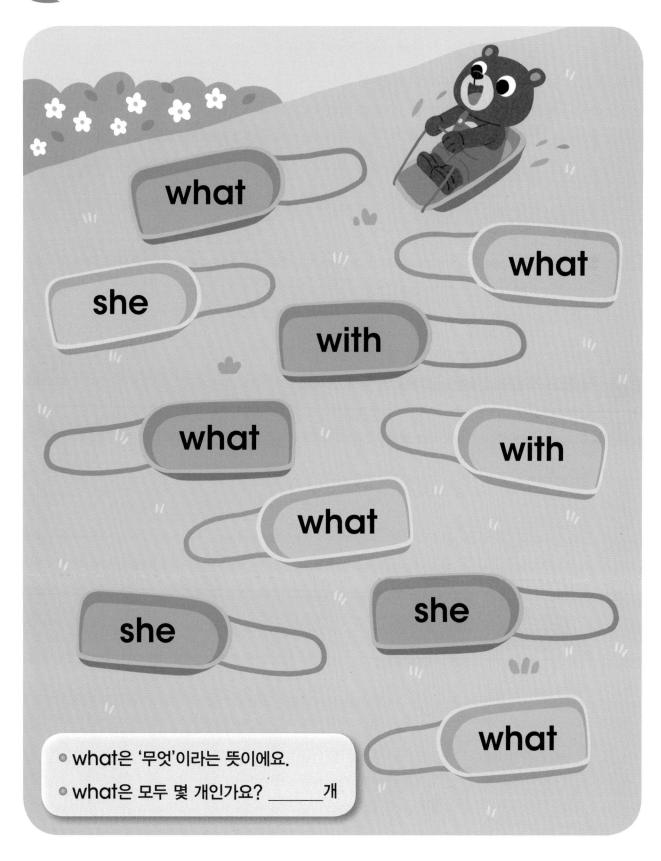

- what은 '무엇'이라는 뜻이에요.
- what은 모두 몇 개인가요? _____개

A 잘 듣고 빈칸에 들어갈 글자에 동그라미 해 보세요.

1.
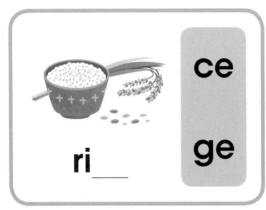

ri___

ce
ge

2.

___ock

wr
kn

B 잘 듣고 그림에 알맞은 글자를 연결해 보세요.

1.

wr

ot

2.

kn

age

3.

p

ist

C 단어를 읽고 알맞은 그림에 동그라미 해 보세요.

1. **stage**

2. **wrong**

3. **race**

D 그림에 알맞은 글자를 골라 단어를 써 보세요.

1.

kn	wr

ite

2.

ce	ge

fa

4주 특강 창의·융합·코딩 ①
Brain Game

농장 길을 따라가며 퀴즈를 풀어 보세요.

1 빈칸에 ge가 들어가는 그림에 동그라미 해 보세요.

sta___　　fa___

2 빈칸에 들어갈 글자가 같으면 ○표, 다르면 ×표 해 보세요.

i___

pa___

3 그림을 보고 글자를 연결해 보세요.

kn · · ot
· ock

▶정답 31쪽

❹ 그림을 보고 알맞은 단어에 동그라미 해 보세요.

knee

wrist

❺ 단어와 그림을 연결해 보세요.

write ·

knife ·

❻ 그림을 보고 빈칸에 알맞은 글자를 골라 써 보세요.

ice   ace

r

FINISH

A 각 퍼즐에 공통으로 들어갈 글자를 찾아 빈칸에 써 보세요.

1

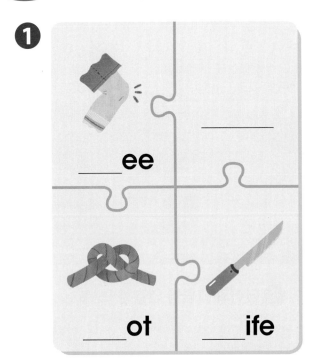

___ee

___ot   ___ife

2

fa___

ra___   ri___

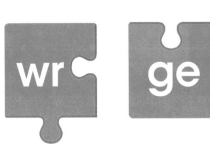

wr   ge

ce   kn

3

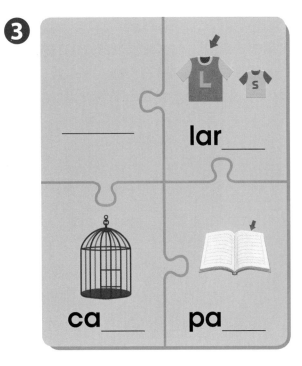

_____   lar___

ca___   pa___

4

_____   ___ite

___ist   ___ong

▶정답 32쪽

B 단서를 보고 그림을 선으로 연결하여 잠금 패턴을 풀어 보세요.

단서   wrong > face > large > cage > knee > wrist

A 그림을 보고 젤리가 담겨있던 병과 젤리를 연결하여 단어를 완성해 보세요.

❶

ca＿＿＿

❷

i＿＿＿

❸

＿＿ite

❹

＿＿ot

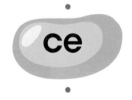 ce

 ge

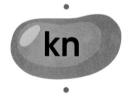 kn

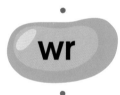 wr

＿＿ock

2+1=4

＿＿ong

fa＿＿＿

pa＿＿＿

▶정답 32쪽

B 힌트를 참고하여 피아노를 연주할 때 나타날 단어를 쓰고, 그림과 연결해 보세요.

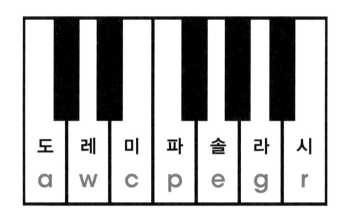

도	레	미	파	솔	라	시
a	w	c	p	e	g	r

힌트

파	도	라	솔
p	a	g	e

①

시	도	미	솔

②

레	시	도	파

③

미	도	라	솔

4
주

Word List

읽을 수 있는 단어에 ✓ 표 해 보세요.

| house ☐ | mouse ☐ | count ☐ | cloud ☐ |

| cow ☐ | town ☐ | brown ☐ | crown ☐ |

| oil ☐ | boil ☐ | boy ☐ | toy ☐ |

| moon ☐ | pool ☐ | food ☐ | roof ☐ |

2주 1일

car ☐	star ☐	park ☐	farm ☐

2주 2일

fork ☐	corn ☐	horse ☐	storm ☐

2주 3일

bird ☐	girl ☐	turtle ☐	purple ☐

2주 4일

river ☐	singer ☐	winter ☐	sister ☐

3주 1일

cry ☐　　dry ☐　　fly ☐　　sky ☐

3주 2일

candy ☐　　party ☐　　happy ☐　　cherry ☐

3주 3일

paw ☐　　saw ☐　　draw ☐　　straw ☐

3주 4일

ball ☐　　fall ☐　　tall ☐　　small ☐

4주 1일

| ice ☐ | rice ☐ | face ☐ | race ☐ |

4주 2일

| cage ☐ | page ☐ | stage ☐ | large ☐ |

4주 3일

| knee ☐ | knife ☐ | knot ☐ | knock ☐ |

4주 4일

| wrap ☐ | write ☐ | wrong ☐ | wrist ☐ |

Memo

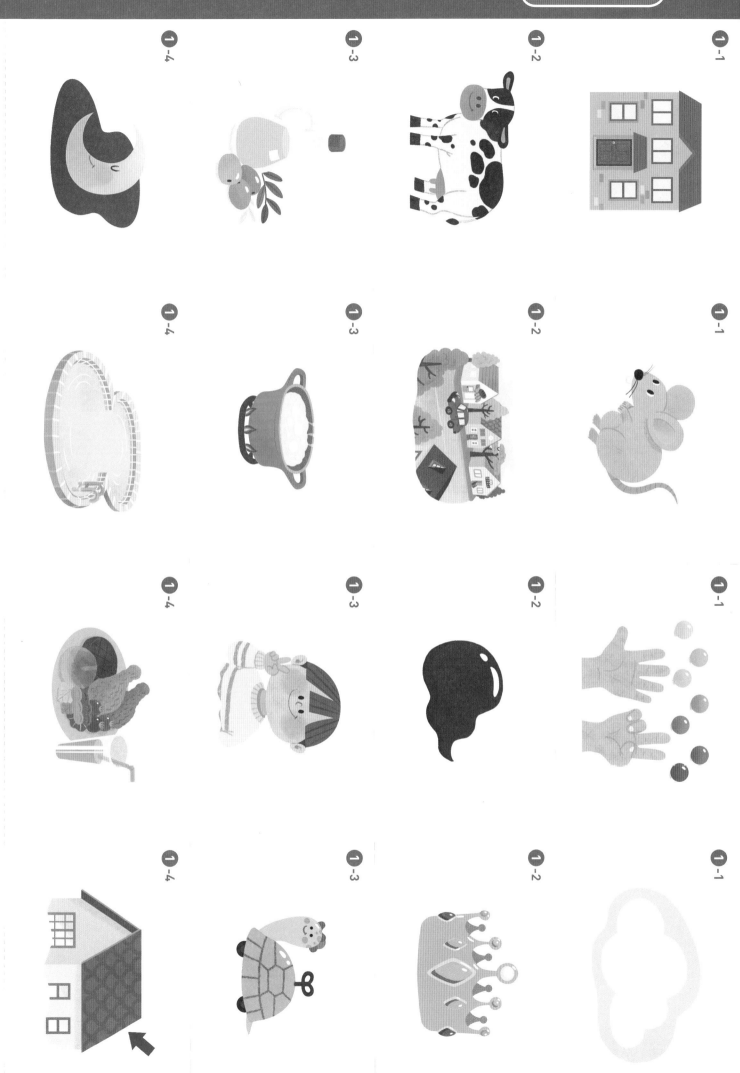

house	mouse	count	cloud
cow	town	brown	crown
oil	boil	boy	toy
moon	pool	food	roof

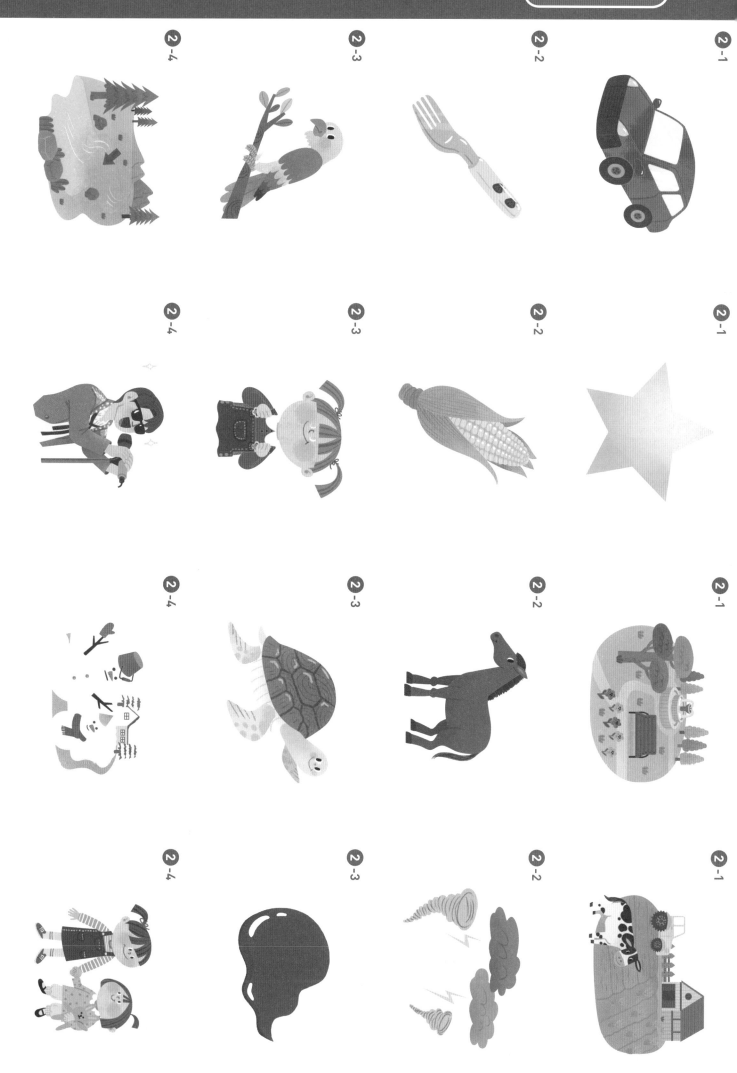

2-4 2-3 2-2 2-1

2-4 2-3 2-2 2-1

2-4 2-3 2-2 2-1

2-4 2-3 2-2 2-1

car

fork

bird

river

star

corn

girl

singer

park

horse

turtle

winter

farm

storm

purple

sister

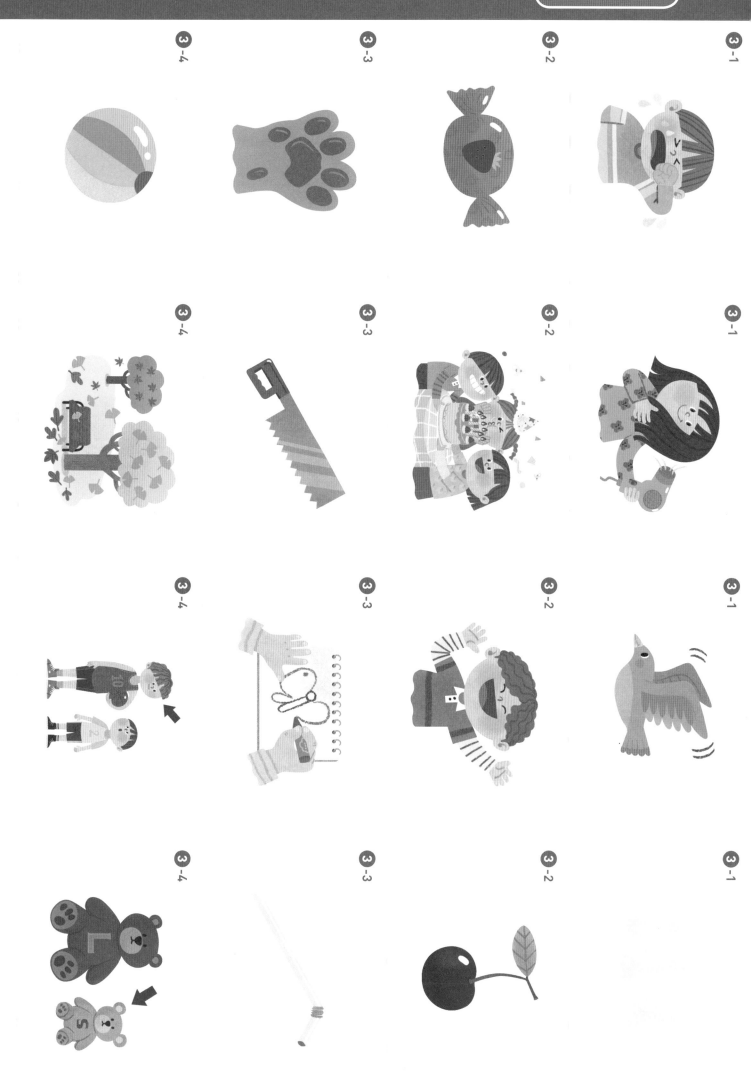

3-1
3-2
3-3
3-4

cry	dry	fly	sky
candy	party	happy	cherry
paw	saw	draw	straw
ball	fall	tall	small

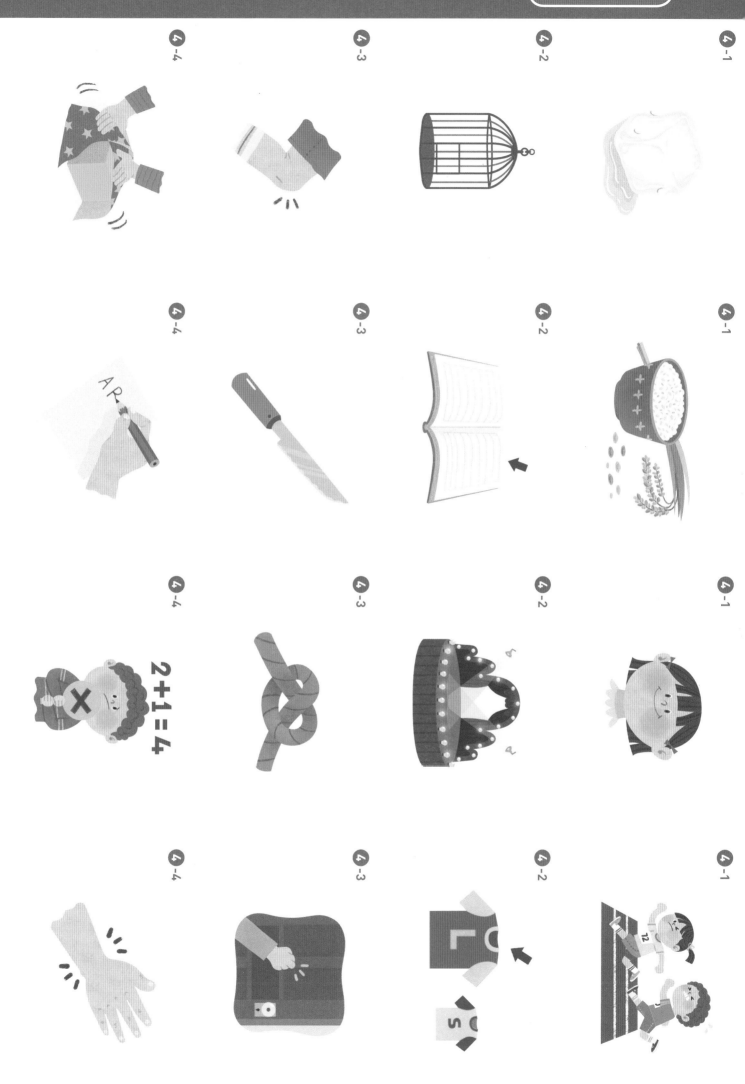

ice	cage	knee	wrap
rice	page	knife	write
face	stage	knot	wrong
race	large	knock	wrist

1주 1일 10~11쪽

ou　ow　oi　oy　oo

1주 1일 14쪽

ou　ou　ou　ou

1주 2일 20쪽

ow　ow

ow　ow

1주 3일 26쪽

oi　oi　oy　oy

1주 4일 32쪽

oo　oo　oo　oo

2주 1일 52~53쪽

ar　or　ir　ur　er

2주 1일 56쪽

ar　ar　ar　ar

2주 2일 62쪽

or or

or or

2주 3일 68쪽

ir ir ur ur

2주 4일 74쪽

er er er er

2주 5일 91쪽

3주 1일 94~95쪽

y y aw all

3주 1일 98쪽

y y y y

3주 2일 104쪽

y y

3주 3일 110쪽

aw aw aw aw

y y

3주 4일 116쪽

all all all all

4주 1일 136~137쪽

ce ge kn wr

4주 1일 140쪽

ce ce ce ce

4주 2일 146쪽

ge ge

ge ge

4주 3일 152쪽

kn kn kn kn

4주 4일 158쪽

wr wr wr wr

친절한 말은 아주 짧기 때문에
말하기가 쉽다.

하지만 그 말의 메아리는 무궁무진하게
울려 퍼지는 법이다.

Kind words can be short and easy to speak,
but their echoes are truly endless.

테레사 수녀

친절한 말, 따뜻한 말 한마디는 누군가에게 커다란 힘이 될 수도 있어요.
나쁜 말 대신 좋은 말을 하게 되면 언젠가 나에게 보답으로 돌아온답니다.
앞으로 나쁘고 거친 말 대신 좋고 예쁜 말만 쓰기로 우리 약속해요!

뭘 좋아할지 몰라 다 준비했어♥
전과목 교재

전과목 시리즈 교재

●무등생 해법시리즈
– 국어/수학	1~6학년, 학기용
– 사회/과학	3~6학년, 학기용
– 봄·여름/가을·겨울	1~2학년, 학기용
– SET(전과목/국수, 국사과)	1~6학년, 학기용

●무등생 전과
– 국어/수학/봄·여름(1학기)/가을·겨울(2학기)	1~2학년, 학기용
– 국어/수학/사회/과학	3~6학년, 학기용

●똑똑한 하루 시리즈
– 똑똑한 하루 독해	예비초~6학년, 총 14권
– 똑똑한 하루 글쓰기	예비초~6학년, 총 14권
– 똑똑한 하루 어휘	예비초~6학년, 총 14권
– 똑똑한 하루 수학	1~6학년, 학기용
– 똑똑한 하루 계산	1~6학년, 학기용
– 똑똑한 하루 사고력	1~6학년, 학기용
– 똑똑한 하루 도형	1~6단계, 총 6권
– 똑똑한 하루 사회/과학	3~6학년, 학기용
– 똑똑한 하루 Voca	3~6학년, 학기용
– 똑똑한 하루 Reading	초3~초6, 학기용
– 똑똑한 하루 Grammar	초3~초6, 학기용
– 똑똑한 하루 Phonics	예비초~초등, 총 8권

영어 교재

●초등영어 교과서 시리즈
파닉스(1~4단계)	3~6학년, 학년용
회화(입문1~2, 1~6단계)	3~6학년, 학기용
영단어(1~4단계)	3~6학년, 학년용

●셀파 English(어휘/회화/문법)	3~6학년
●Reading Farm(Level 1~4)	3~6학년
●Grammar Town(Level 1~4)	3~6학년
●LOOK BOOK 영단어	3~6학년, 단행본
●원서 읽는 LOOK BOOK 영단어	3~6학년, 단행본
●멘토 Story Words	2~6학년, 총 6권

똑똑한

하루
Phonics

천재교육

정답 ✦

3 B
이중모음

천재교육

1주 미리보기

1주 이번 주에는 무엇을 배울까? ❷

두 글자가 만나 새로운 소리가 나는 모음이 되었어요. 알맞은 스티커를 붙여 보세요.

b oi l

m oo n

cr ow n

m ou se

t oy

Quiz 모음의 소리가 같은 단어 두 쌍이 있어요.
색깔이 같은 단어끼리 선을 그어 찾아 보세요.

10 똑똑한 하루 Phonics

Level 3B 11

1주 1일

PHONICS ou 단어 익히기 ①

A 스티커를 붙인 후, 단어를 리듬에 맞춰 읽어 보세요.

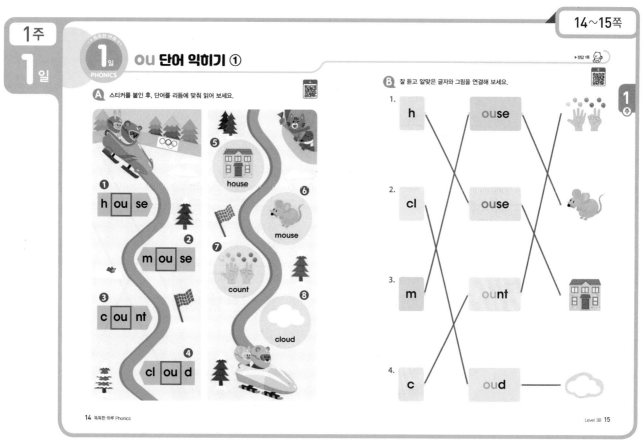

① h ou se
② m ou se
③ c ou nt
④ cl ou d

⑤ house
⑥ mouse
⑦ count
⑧ cloud

B 잘 듣고 알맞은 글자와 그림을 연결해 보세요.

1. h — ouse
2. cl — ouse
3. m — ount
4. c — oud

14 똑똑한 하루 Phonics

Level 3B 15

정답 **1**

1일 ou 단어 익히기 ②

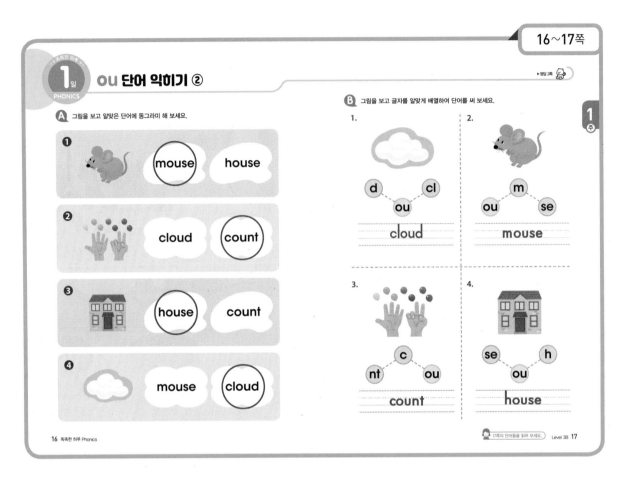

A 그림을 보고 알맞은 단어에 동그라미 해 보세요.

① mouse / house
② cloud / count
③ house / count
④ mouse / cloud

B 그림을 보고 글자를 알맞게 배열하여 단어를 써 보세요.

1. cloud
2. mouse
3. count
4. house

16 똑똑한 하루 Phonics
Level 3B 17

1주 2일 2일 ow 단어 익히기 ①

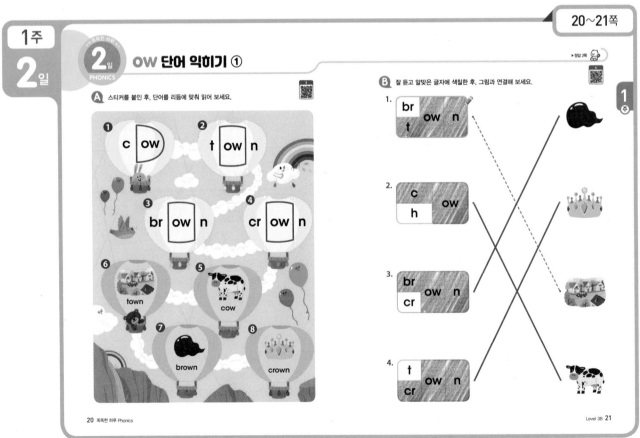

A 스티커를 붙인 후, 단어를 리듬에 맞춰 읽어 보세요.

① cow
② town
③ brown
④ crown
⑥ town
⑤ cow
⑦ brown
⑧ crown

B 잘 듣고 알맞은 글자에 색칠한 후, 그림과 연결해 보세요.

1. brown
2. cow
3. crown
4. town

20 똑똑한 하루 Phonics
Level 3B 21

22~23쪽

2일 PHONICS · ow 단어 익히기 ②

▶정답 3쪽

A 그림을 보고 알맞은 단어에 동그라미 해 보세요.

B 그림을 보고 알맞은 단어를 찾아 동그라미 하고, 써 보세요.

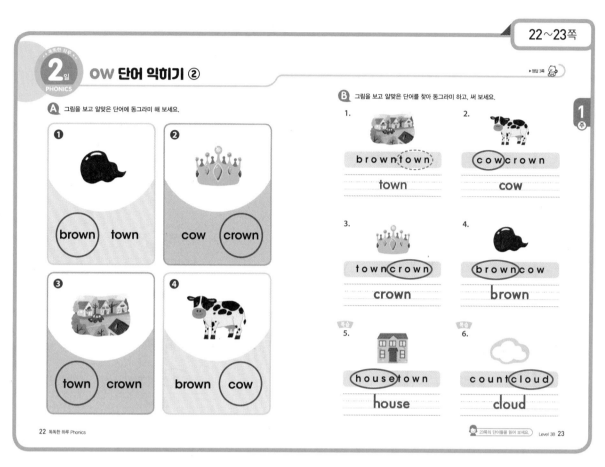

❶ (brown) town

❷ cow (crown)

❸ (town) crown

❹ brown (cow)

1. b r o w n (t o w n)
town

2. (c o w) c r o w n
cow

3. t o w n (c r o w n)
crown

4. (b r o w n) c o w
brown

5. (h o u s e) t o w n
house

6. c o u n t (c l o u d)
cloud

22 똑똑한 하루 Phonics

23쪽의 단어들을 읽어 보세요. Level 3B 23

3일 PHONICS · oi, oy 단어 익히기 ①

▶정답 3쪽

A 스티커를 붙인 후, 단어를 리듬에 맞춰 읽어 보세요.

B 잘 듣고 빈칸에 들어갈 모음의 글자를 연결해 보세요.

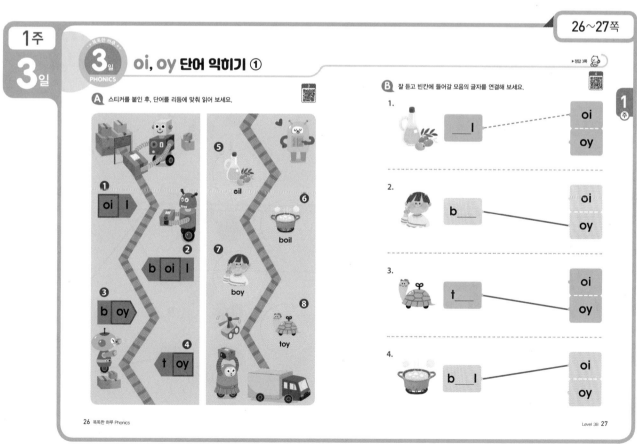

❶ oi l
❷ b oi l
❸ b oy
❹ t oy
❺ oil
❻ boil
❼ boy
❽ toy

1. ___l — oi / oy

2. b___ — oi / oy

3. t___ — oi / oy

4. b__l — oi / oy

26 똑똑한 하루 Phonics

Level 3B 27

28~29쪽

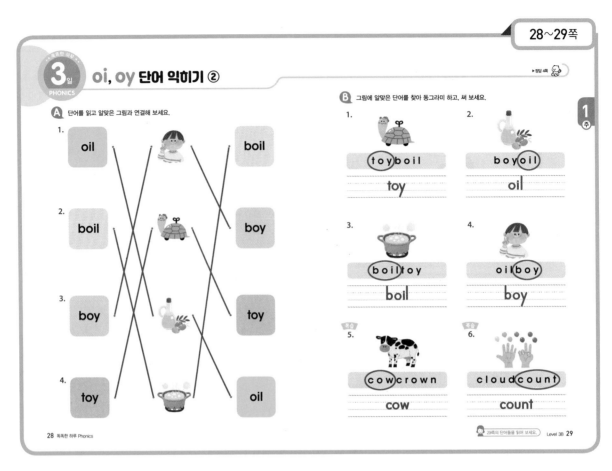

3일 PHONICS oi, oy 단어 익히기 ②

▶정답 4쪽

Ⓐ 단어를 읽고 알맞은 그림과 연결해 보세요.

1. oil — boil
2. boil — boy
3. boy — toy
4. toy — oil

Ⓑ 그림에 맞맞은 단어를 찾아 동그라미 하고, 써 보세요.

1. t o y b o i l
toy

2. b o y o i l
oil

3. b o i l t o y
boil

4. o i l b o y
boy

5. c o w c r o w n
cow

6. c l o u d c o u n t
count

29쪽의 단어들을 읽어 보세요. Level 3B 29

32~33쪽

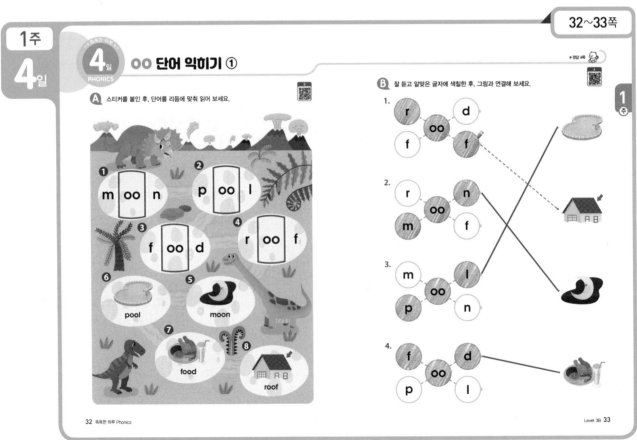

1주 4일

4일 PHONICS oo 단어 익히기 ①

▶정답 4쪽

Ⓐ 스티커를 붙인 후, 단어를 리듬에 맞춰 읽어 보세요.

① m oo n
② p oo l
③ f oo d
④ r oo f
⑥ pool
⑤ moon
⑦ food
⑧ roof

Ⓑ 잘 듣고 알맞은 글자에 색칠한 후, 그림과 연결해 보세요.

1. r oo d / f oo f
2. r oo n / m oo f
3. m oo l / p oo n
4. f oo d / p oo l

32 똑똑한 하루 Phonics

Level 3B 33

정답

4일 PHONICS oo 단어 익히기 ②

▶ 정답 5쪽

A 그림을 보고 알맞은 단어에 동그라미 해 보세요.

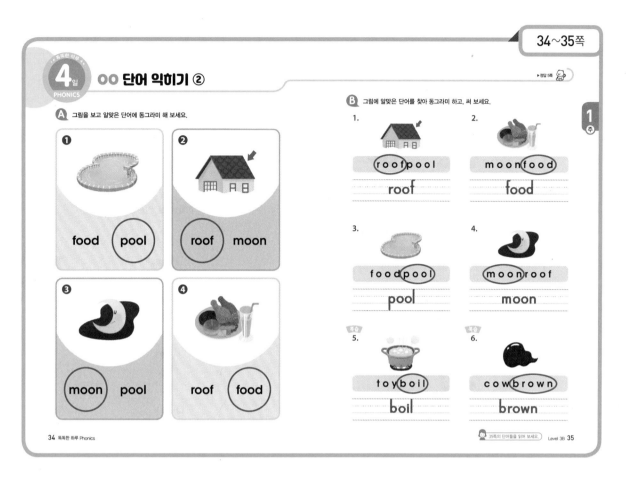

B 그림에 알맞은 단어를 찾아 동그라미 하고, 써 보세요.

1. roof pool → roof
2. moon food → food
3. food pool → pool
4. moon roof → moon
5. toy boil → boil
6. cow brown → brown

35폭의 단어들을 읽어 보세요.

1주 복습

5일 Review ou, ow, oi, oy, oo 복습 ①

공부한 날 월 일

▶ 정답 5쪽

A 잘 듣고 알맞은 단어에 동그라미 해 보세요.

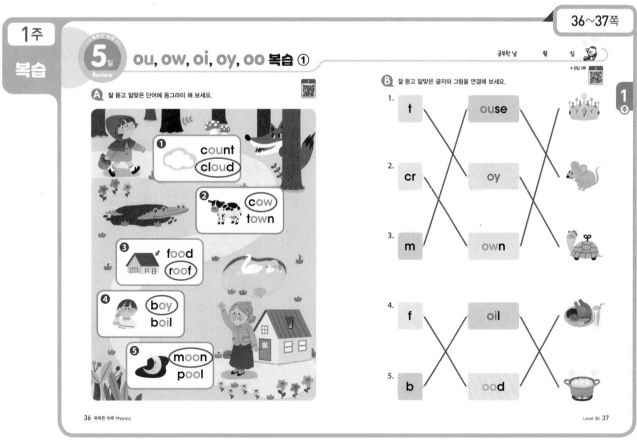

1. count / cloud
2. cow / town
3. food / roof
4. boy / boil
5. moon / pool

B 잘 듣고 알맞은 글자와 그림을 연결해 보세요.

1. t — ouse
2. cr — oy
3. m — own
4. f — oil
5. b — ood

38~39쪽

5일 Review ou, ow, oi, oy, oo 복습 ②

▶정답 6쪽

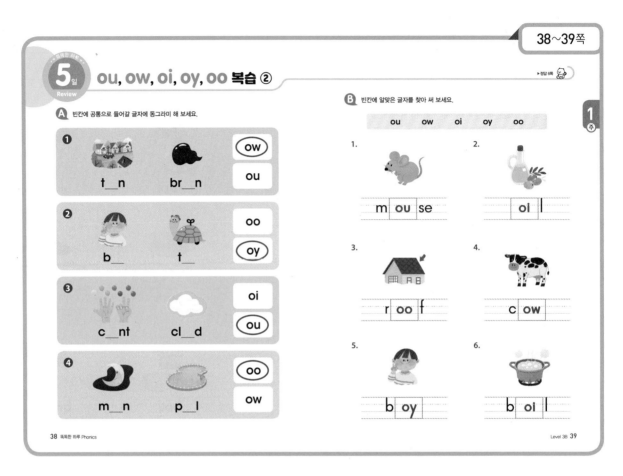

A 빈칸에 공통으로 들어갈 글자에 동그라미 해 보세요.

❶ t__n br__n (ow) / ou
❷ b__ t__ oo / (oy)
❸ c__nt cl__d oi / (ou)
❹ m__n p__l (oo) / ow

B 빈칸에 알맞은 글자를 찾아 써 보세요.

ou ow oi oy oo

1. m ou se
2. oi l
3. r oo f
4. c ow
5. b oy
6. b oi l

40~41쪽

5일 Review Story Time   Sight Word   let's를 찾아라!

▶정답 6쪽

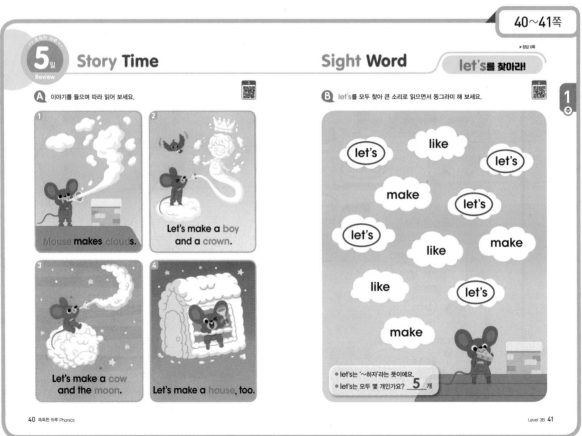

A 이야기를 들으며 따라 읽어 보세요.

1. Mouse makes clouds.
2. Let's make a boy and a crown.
3. Let's make a cow and the moon.
4. Let's make a house, too.

B let's를 모두 찾아 큰 소리로 읽으면서 동그라미 해 보세요.

let's like let's
make let's
let's like make
like let's
make

• let's는 '~하자'라는 뜻이에요.
• let's는 모두 몇 개인가요? 5 개

1주 TEST

1주 누구나 100점 TEST

맞은 개수 /10개
▶정답 7쪽

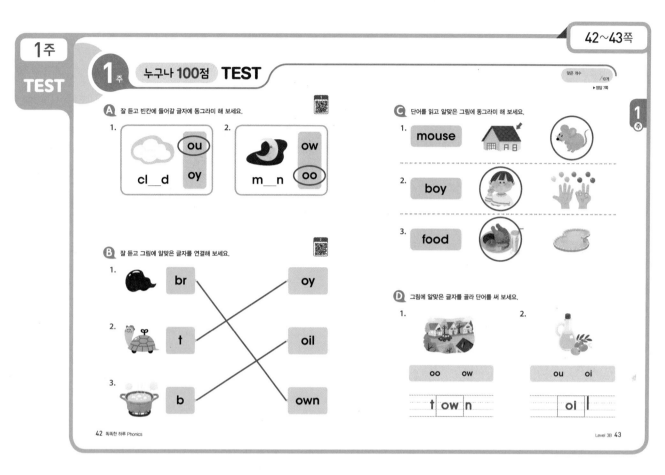

A 잘 듣고 빈칸에 들어갈 글자에 동그라미 해 보세요.

1. cl__d — **ou** / oy
2. m__n — ow / **oo**

B 잘 듣고 그림에 알맞은 글자를 연결해 보세요.

1. br — own
2. t — oy
3. b — oil

C 단어를 읽고 알맞은 그림에 동그라미 해 보세요.

1. mouse
2. boy
3. food

D 그림에 알맞은 글자를 골라 단어를 써 보세요.

1. oo ow → t ow n
2. ou oi → oi l

42 똑똑한 하루 Phonics

Level 3B 43

1주 특강

1주 특강 창의·융합·코딩 ❶ Brain Game

▶정답 7쪽

해변을 따라가며 퀴즈를 풀어 보세요.

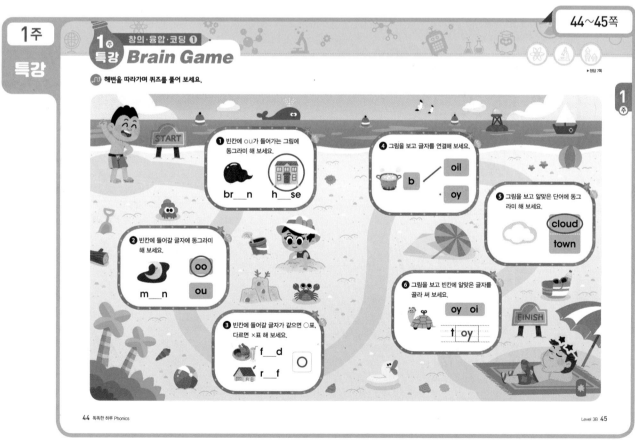

START

❶ 빈칸에 ou가 들어가는 그림에 동그라미 해 보세요.

br__n   h__se

❷ 빈칸에 들어갈 글자에 동그라미 해 보세요.

m__n   **oo** / ou

❸ 빈칸에 들어갈 글자가 같으면 ○표, 다르면 ×표 해 보세요.

f__d
r__f   ○

❹ 그림을 보고 글자를 연결해 보세요.

b — oil / oy

❺ 그림을 보고 알맞은 단어에 동그라미 해 보세요.

cloud
town

❻ 그림을 보고 빈칸에 알맞은 글자를 골라 써 보세요.

oy oi
t oy

FINISH

44 똑똑한 하루 Phonics

Level 3B 45

정답 **7**

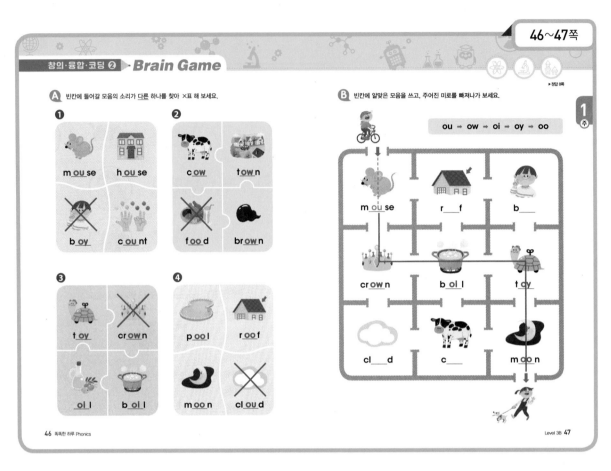

창의·융합·코딩 ② Brain Game

▶정답 8쪽

Ⓐ 빈칸에 들어갈 모음의 소리가 다른 하나를 찾아 ✕표 해 보세요.

Ⓑ 빈칸에 알맞은 모음을 쓰고, 주어진 미로를 빠져나가 보세요.

❶ m ou se / h ou se / b oy / c ou nt

❷ c ow / t ow n / f oo d / br ow n

❸ t oy / cr ow n / oi l / b oi l

❹ p oo l / r oo f / m oo n / cl ou d

ou → ow → oi → oy → oo

m ou se / r__f / b___
cr ow n / b oi l / t oy
cl___d / c___ / m oo n

46 똑똑한 하루 Phonics

Level 3B 47

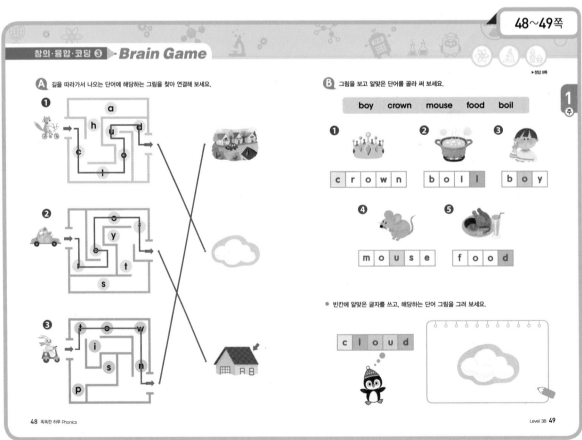

창의·융합·코딩 ③ Brain Game

▶정답 8쪽

Ⓐ 길을 따라가서 나오는 단어에 해당하는 그림을 찾아 연결해 보세요.

Ⓑ 그림을 보고 알맞은 단어를 골라 써 보세요.

boy   crown   mouse   food   boil

❶ c r o w n
❷ b o i l
❸ b o y
❹ m o u s e
❺ f o o d

● 빈칸에 알맞은 글자를 쓰고, 해당하는 단어 그림을 그려 보세요.

c l o u d

48 똑똑한 하루 Phonics

Level 3B 49

2주 미리보기

52~53쪽

▶정답 9쪽

이번 주에는 무엇을 배울까? ❷

모음 a, e, i, o, u가 자음 r을 만나면 원래 모음과 다른 소리가 나요.
알맞은 스티커를 붙여 보세요.

Quiz 단어 속에 숨어 있는 자음 r을 찾아 모두 동그라미 해 세요.

52 똑똑한 하루 Phonics

Level 3B 53

2주 1일

PHONICS

ar 단어 익히기 ①

56~57쪽

▶정답 9쪽

A 스티커를 붙인 후, 단어를 리듬에 맞춰 읽어 보세요.

B 잘 듣고 알맞은 글자와 그림을 연결해 보세요.

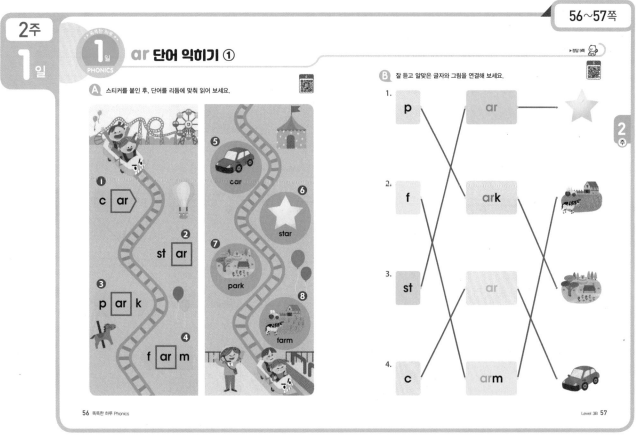

56 똑똑한 하루 Phonics

Level 3B 57

정답 **9**

58~59쪽

1일 PHONICS ar 단어 익히기 ②

▶정답 10쪽

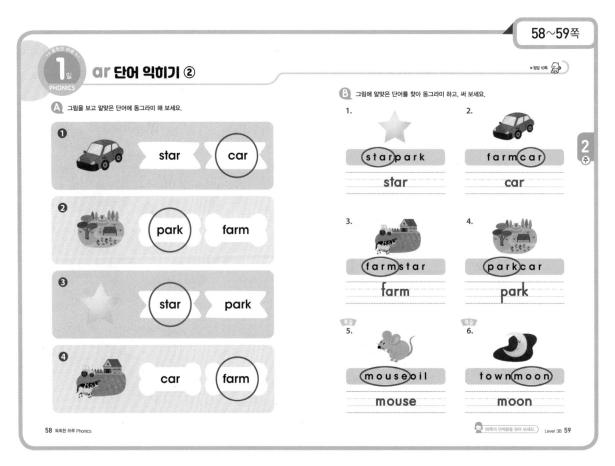

A 그림을 보고 알맞은 단어에 동그라미 해 보세요.

① **car**
② **park**
③ **star**
④ **farm**

B 그림에 알맞은 단어를 찾아 동그라미 하고, 써 보세요.

1. star**park** — star
2. farm**car** — car
3. **farm**star — farm
4. **park**car — park
5. **mouse**oil — mouse
6. town**moon** — moon

62~63쪽

2주 2일 PHONICS or 단어 익히기 ①

▶정답 10쪽

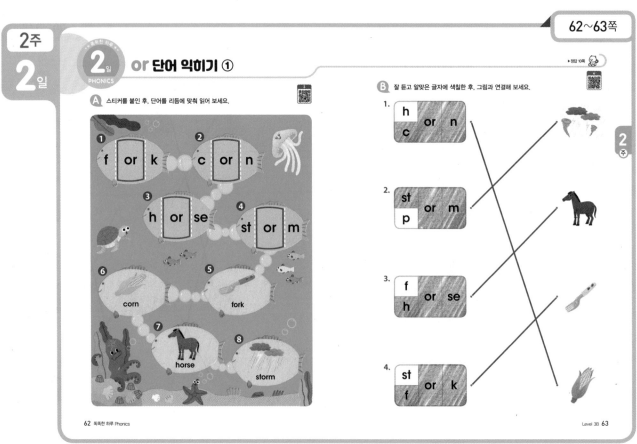

A 스티커를 붙인 후, 단어를 리듬에 맞춰 읽어 보세요.

① f or k
② c or n
③ h or se
④ st or m
⑥ corn
⑤ fork
⑦ horse
⑧ storm

B 잘 듣고 알맞은 글자에 색칠한 후, 그림과 연결해 보세요.

1. **c** or n
2. **st** or m
3. **h** or se
4. **f** or k

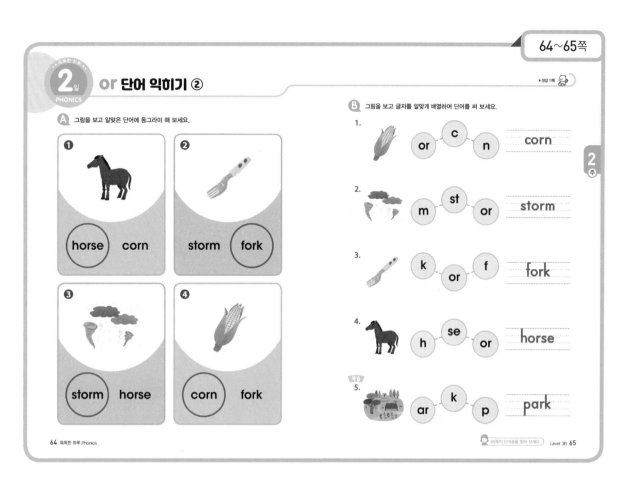

2일 PHONICS · or 단어 익히기 ②

▶정답 11쪽

Ⓐ 그림을 보고 알맞은 단어에 동그라미 해 보세요.

❶ (horse) corn

❷ storm (fork)

❸ (storm) horse

❹ (corn) fork

Ⓑ 그림을 보고 글자를 알맞게 배열하여 단어를 써 보세요.

1. or c n — corn

2. m st or — storm

3. k or f — fork

4. h se or — horse

5. ar k p — park

64 똑똑한 하루 Phonics

65 Level 3B

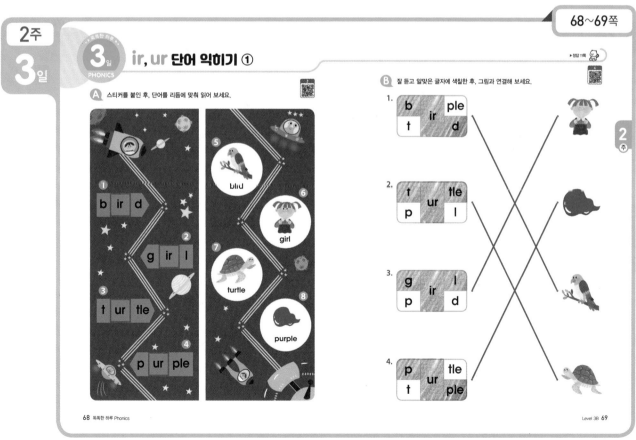

2주 3일

3일 PHONICS · ir, ur 단어 익히기 ①

▶정답 11쪽

Ⓐ 스티커를 붙인 후, 단어를 리듬에 맞춰 읽어 보세요.

① b ir d
② g ir l
③ t ur tle
④ p ur ple

⑤ bird
⑥ girl
⑦ turtle
⑧ purple

Ⓑ 잘 듣고 알맞은 글자에 색칠한 후, 그림과 연결해 보세요.

1. b ir ple / t d

2. t ur tle / p l

3. g l / p ir d

4. p tle / t ur ple

68 똑똑한 하루 Phonics

69 Level 3B

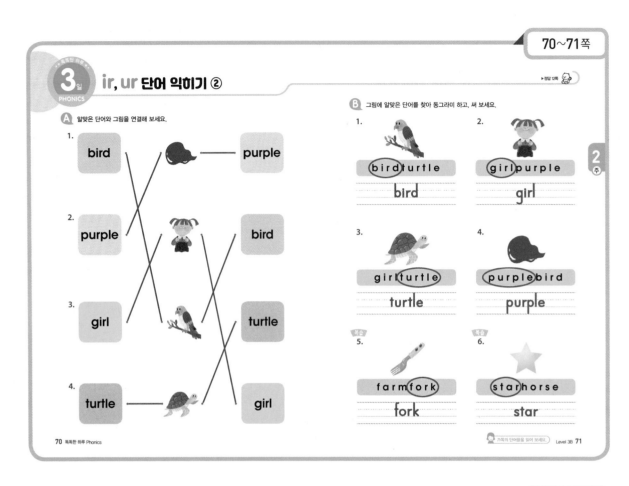

3일 PHONICS — ir, ur 단어 익히기 ②

▶정답 12쪽

Ⓐ 알맞은 단어와 그림을 연결해 보세요.

1. bird — purple
2. purple — bird
3. girl — turtle
4. turtle — girl

Ⓑ 그림에 알맞은 단어를 찾아 동그라미 하고, 써 보세요.

1. birdturtle → bird
2. girlpurple → girl
3. girlturtle → turtle
4. purplebird → purple
5. farmfork → fork
6. starhorse → star

70 똑똑한 하루 Phonics

가족의 단어들을 읽어 보세요. Level 3B 71

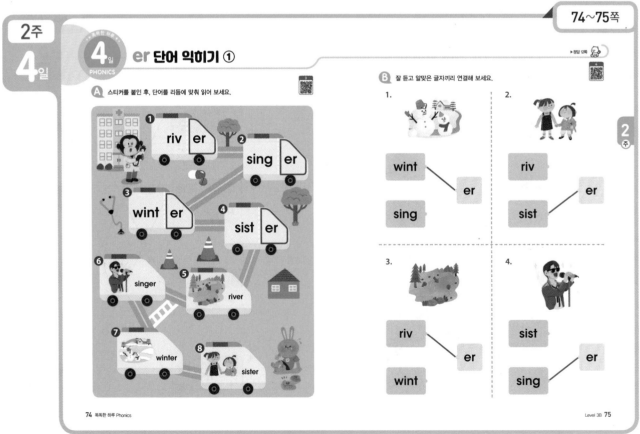

2주 4일 — 4일 PHONICS — er 단어 익히기 ①

▶정답 12쪽

Ⓐ 스티커를 붙인 후, 단어를 리듬에 맞춰 읽어 보세요.

① riv er
② sing er
③ wint er
④ sist er
⑥ singer
⑤ river
⑦ winter
⑧ sister

Ⓑ 잘 듣고 알맞은 글자끼리 연결해 보세요.

1. wint — er / sing
2. riv / sist — er
3. riv / wint — er
4. sist / sing — er

74 똑똑한 하루 Phonics

Level 3B 75

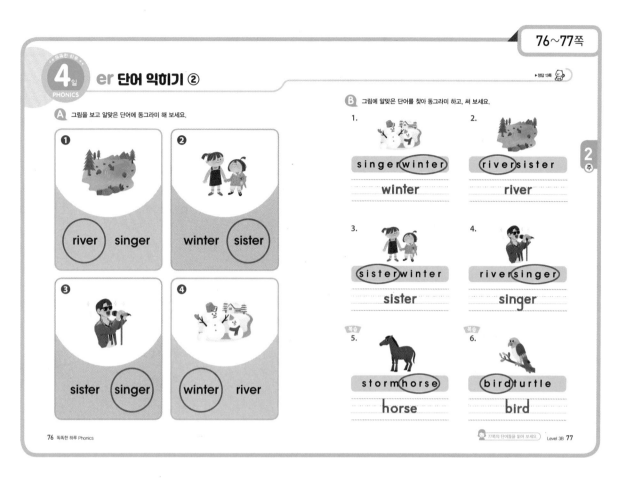

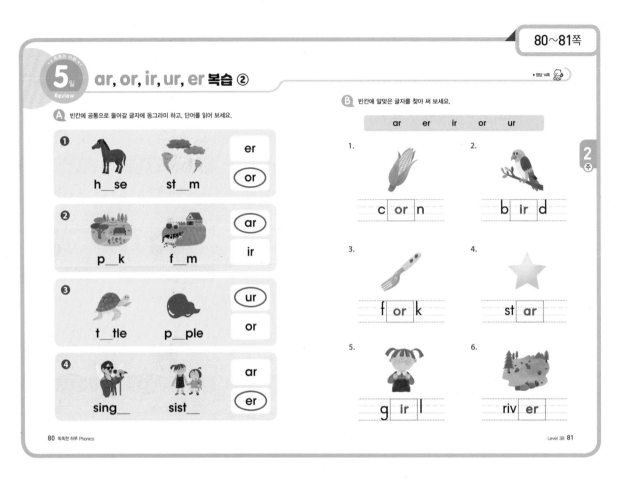

5일 Review **ar, or, ir, ur, er 복습 ②**

▶정답 14쪽

Ⓐ 빈칸에 공통으로 들어갈 글자에 동그라미 하고, 단어를 읽어 보세요.

❶ h__se   st__m   er / **or**
❷ p__k   f__m   **ar** / ir
❸ t__tle   p__ple   **ur** / or
❹ sing__   sist__   ar / **er**

Ⓑ 빈칸에 알맞은 글자를 찾아 써 보세요.

ar   er   ir   or   ur

1. c **or** n
2. b **ir** d
3. f **or** k
4. st **ar**
5. g **ir** l
6. riv **er**

80 똑똑한 하루 Phonics

Level 3B 81

5일 Review **Story Time**   **Sight Word**   **she를 찾아라!**

▶정답 14쪽

Ⓐ 이야기를 들으며 따라 읽어 보세요.

1. Joy loves her brown horse.
2. She loves her purple bird.
3. She loves her green car.
4. She loves her sister, too!

Ⓑ she를 모두 찾아 큰 소리로 읽으면서 동그라미 해 보세요.

s	a	**s**	**h**	**e**
h	l	t	v	f
e	c	n	g	**s**
v	t	a	c	**h**
s	**h**	**e**	l	**e**

• she는 '그녀'라는 뜻이에요.
• she는 모두 몇 개인가요? **4** 개

82 똑똑한 하루 Phonics

Level 3B 83

14 정답

2주 TEST

2주 누구나 100점 TEST

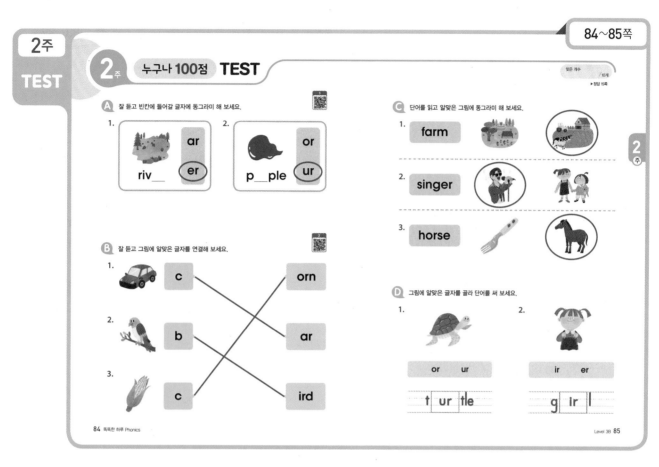

맞은 개수 /10개
▶정답 15쪽

A. 잘 듣고 빈칸에 들어갈 글자에 동그라미 해 보세요.

1. riv__ ar (er)
2. p__ple or (ur)

B. 잘 듣고 그림에 알맞은 글자를 연결해 보세요.

1. c — ar
2. b — ird
3. c — orn

C. 단어를 읽고 알맞은 그림에 동그라미 해 보세요.

1. farm
2. singer
3. horse

D. 그림에 알맞은 글자를 골라 단어를 써 보세요.

1. or / ur — t ur tle
2. ir / er — g ir l

2주 특강

2주 특강 창의·융합·코딩 ❶ Brain Game

▶정답 15쪽

정글 속에서 길을 따라가며 퀴즈를 풀어 보세요.

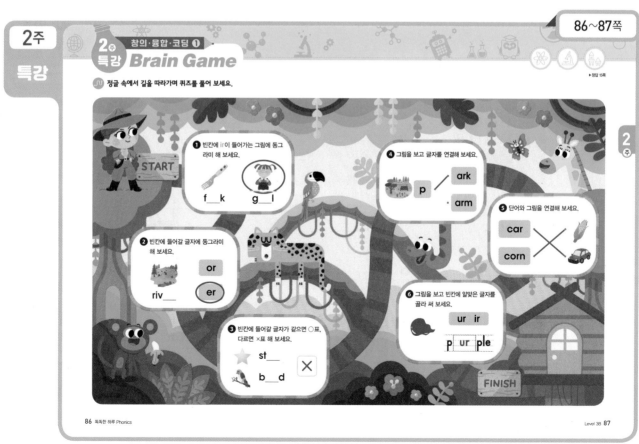

START

❶ 빈칸에 ir이 들어가는 그림에 동그라미 해 보세요.
f__k   (g__l)

❷ 빈칸에 들어갈 글자에 동그라미 해 보세요.
riv___   or (er)

❸ 빈칸에 들어갈 글자가 같으면 ○표, 다르면 ×표 해 보세요.
★ st___
🐛 b__d   ×

❹ 그림을 보고 글자를 연결해 보세요.
p — ark / arm

❺ 단어와 그림을 연결해 보세요.
car
corn

❻ 그림을 보고 빈칸에 알맞은 글자를 골라 써 보세요.
ur / ir
p__ple

FINISH

88~89쪽

창의·융합·코딩 ❷ ▶ **Brain Game**

▶ 정답 16쪽

Ⓐ 빈칸에 들어갈 모음 글자를 연결하여 퍼즐을 완성해 보세요.

Ⓑ 그림을 보고 지워진 글자를 골라 동그라미 해 보세요.

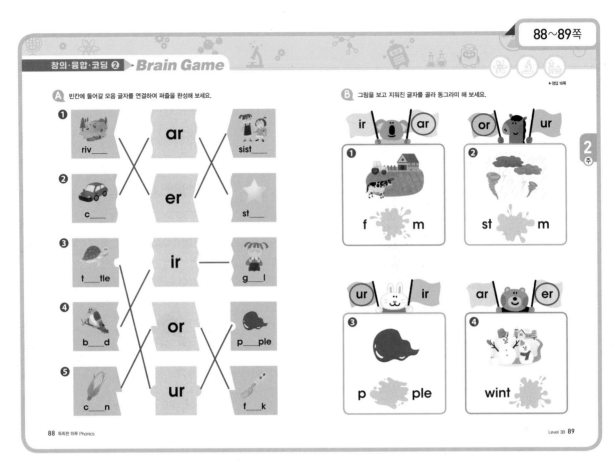

90~91쪽

창의·융합·코딩 ❸ ▶ **Brain Game**

▶ 정답 16쪽

Ⓐ 그림 조각을 바르게 배열하면 나오게 될 단어를 써 보세요.

Ⓑ 사다리를 타고 내려가서 단어를 쓴 후, 그림 스티커를 붙여 보세요.

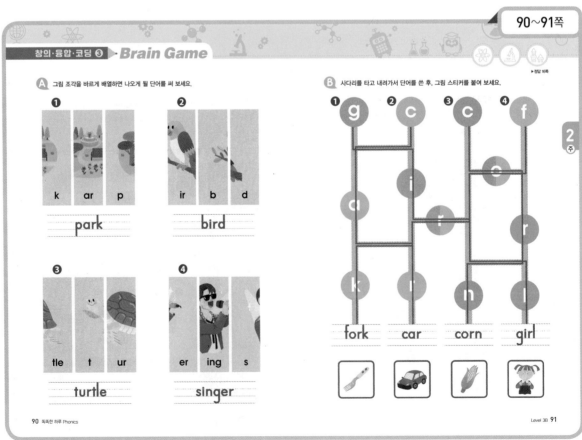

3주
미리보기

3주 이번 주에는 무엇을 배울까? ❷

▶정답 17쪽

🐻 주로 단어의 끝에 쓰이는 모음들이에요. 알맞은 스티커를 붙여 보세요.

sk y

dr aw

b all

cand y

Quiz
글자의 모양은 같지만 소리가 다른 모음
두 개를 찾아 동그라미 해 보세요.

94 똑똑한 하루 Phonics

Level 3B 95

3주
1일
PHONICS

y 단어 익히기 ①

▶정답 17쪽

Ⓐ 스티커를 붙인 후, 단어를 리듬에 맞춰 읽어 보세요.

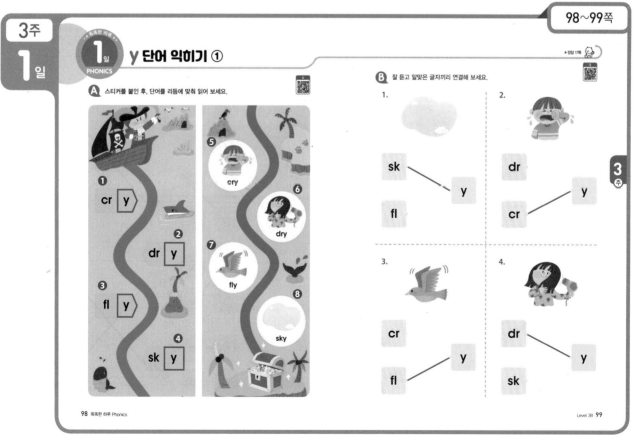

① cr y
② dr y
③ fl y
④ sk y

⑤ cry
⑥ dry
⑦ fly
⑧ sky

Ⓑ 잘 듣고 알맞은 글자끼리 연결해 보세요.

1.
sk — y
fl

2.
dr — y
cr

3.
cr
fl — y

4.
dr — y
sk

98 똑똑한 하루 Phonics

Level 3B 99

정답 **17**

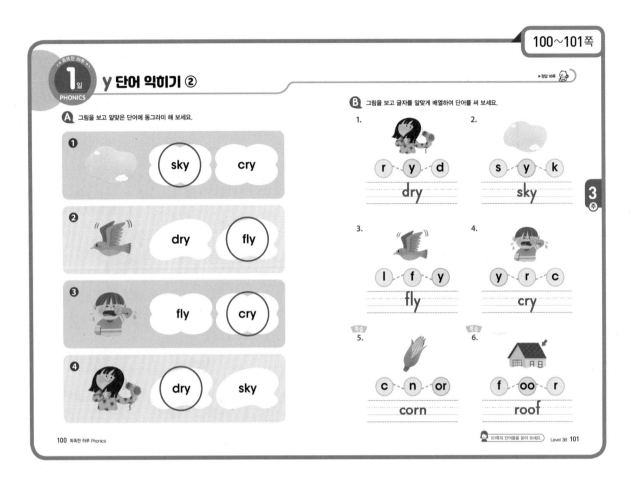

1일 PHONICS y 단어 익히기 ②

▶정답 18쪽

Ⓐ 그림을 보고 알맞은 단어에 동그라미 해 보세요.

❶ **sky** / cry
❷ dry / **fly**
❸ fly / **cry**
❹ **dry** / sky

Ⓑ 그림을 보고 글자를 알맞게 배열하여 단어를 써 보세요.

1. r - y - d → **dry**
2. s - y - k → **sky**
3. l - f - y → **fly**
4. y - r - c → **cry**
5. c - n - or → **corn**
6. f - oo - r → **roof**

100 똑똑한 하루 Phonics   Level 3B 101

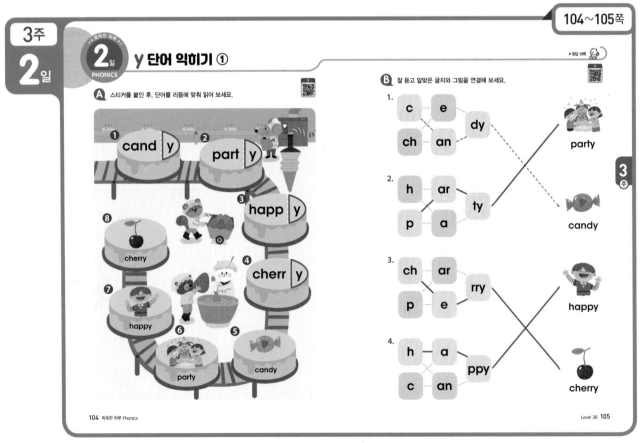

3주 2일

2일 PHONICS y 단어 익히기 ①

▶정답 18쪽

Ⓐ 스티커를 붙인 후, 단어를 리듬에 맞춰 읽어 보세요.

❶ cand y
❷ part y
❸ happ y
❹ cherr y
❺ candy
❻ party
❼ happy
❽ cherry

Ⓑ 잘 듣고 알맞은 글자와 그림을 연결해 보세요.

1. c / e / ch / an / dy → candy
2. h / ar / p / a / ty → party
3. ch / ar / p / e / rry → cherry
4. h / a / c / an / ppy → happy

104 똑똑한 하루 Phonics   Level 3B 105

106~107쪽

2일 PHONICS y 단어 익히기 ②

▶정답 19쪽

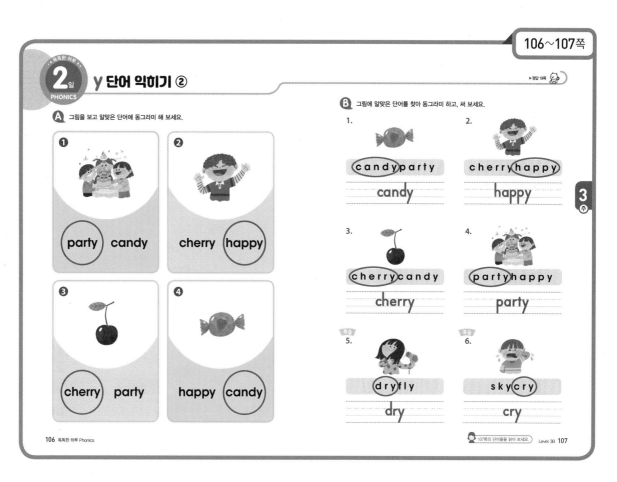

Ⓐ 그림을 보고 알맞은 단어에 동그라미 해 보세요.

❶ (party) candy

❷ cherry (happy)

❸ (cherry) party

❹ happy (candy)

Ⓑ 그림에 알맞은 단어를 찾아 동그라미 하고, 써 보세요.

1. (candy)party
candy

2. cherry(happy)
happy

3. (cherry)candy
cherry

4. (party)happy
party

5. dry(fly) → dry(ry)
dry

6. sky(cry)
cry

107쪽의 단어들을 읽어 보세요. Level 3B 107

110~111쪽

3주 3일

3일 PHONICS aw 단어 익히기 ①

▶정답 19쪽

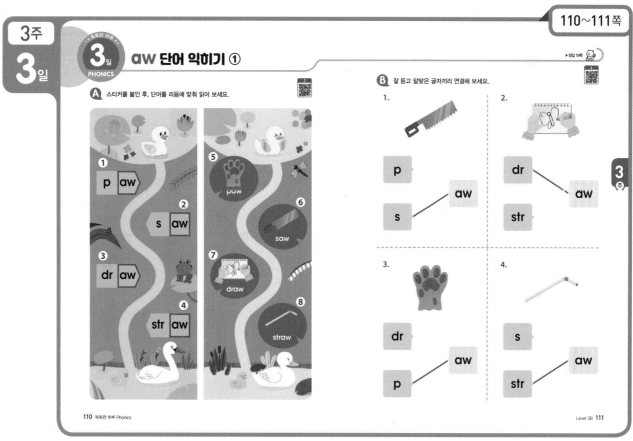

Ⓐ 스티커를 붙인 후, 단어를 리듬에 맞춰 읽어 보세요.

❶ p aw
❷ s aw
❸ dr aw
❹ str aw
❺ paw
❻ saw
❼ draw
❽ straw

Ⓑ 잘 듣고 알맞은 글자끼리 연결해 보세요.

1. p / s — aw
2. dr — aw / str
3. dr / p — aw
4. s / str — aw

Level 3B 111

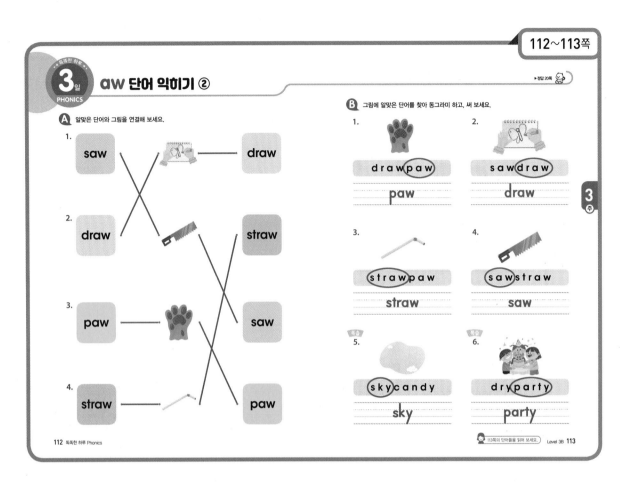

3일 PHONICS **aw 단어 익히기 ②**

▶정답 20쪽

Ⓐ 알맞은 단어와 그림을 연결해 보세요.

1. saw — draw
2. draw — straw
3. paw — saw
4. straw — paw

Ⓑ 그림에 알맞은 단어를 찾아 동그라미 하고, 써 보세요.

1. draw(paw) — paw
2. saw(draw) — draw
3. (straw)paw — straw
4. (saw)straw — saw
5. (sky)candy — sky
6. dry(party) — party

112 똑똑한 하루 Phonics

113쪽의 단어들을 읽어 보세요. Level 3B 113

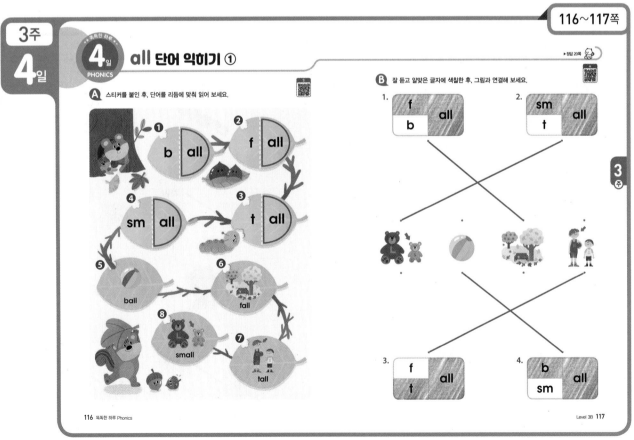

3주 4일

4일 PHONICS **all 단어 익히기 ①**

▶정답 20쪽

Ⓐ 스티커를 붙인 후, 단어를 리듬에 맞춰 읽어 보세요.

❶ b all
❷ f all
❸ t all
❹ sm all
❺ ball
❻ fall
❼ tall
❽ small

Ⓑ 잘 듣고 알맞은 글자에 색칠한 후, 그림과 연결해 보세요.

1. f / b all
2. sm / t all
3. f / t all
4. b / sm all

116 똑똑한 하루 Phonics

Level 3B 117

4일 PHONICS **all 단어 익히기 ②**

▶정답 21쪽

A 그림을 보고 알맞은 단어에 동그라미 해 보세요.

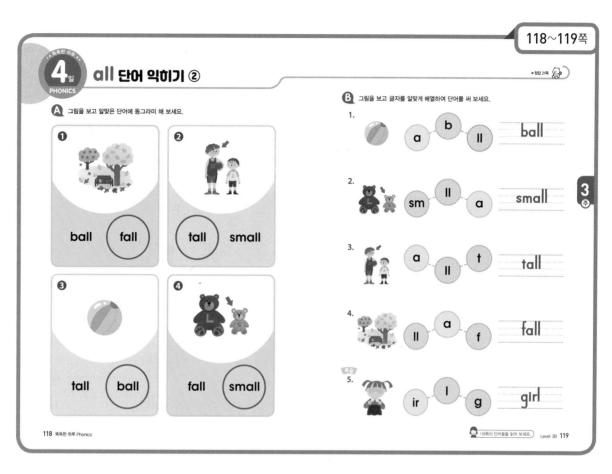

❶ ball (fall)

❷ (tall) small

❸ tall (ball)

❹ fall (small)

B 그림을 보고 글자를 알맞게 배열하여 단어를 써 보세요.

1. a b ll → ball

2. sm ll a → small

3. a ll t → tall

4. ll a f → fall

5. ir l g → girl

118 똑똑한 하루 Phonics

119쪽의 단어들을 읽어 보세요. Level 3B 119

3주 복습

5일 Review **y, aw, all 복습 ①**

공부한 날 월 일

▶정답 21쪽

A 잘 듣고 알맞은 단어에 동그라미 해 보세요.

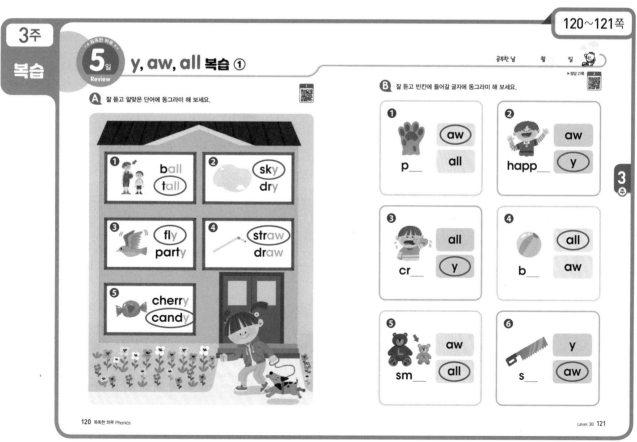

❶ ball (tall)

❷ sky dry

❸ (fly) party

❹ straw draw

❺ cherry (candy)

B 잘 듣고 빈칸에 들어갈 글자에 동그라미 해 보세요.

❶ p__ (aw) all

❷ happ__ aw (y)

❸ cr__ all (y)

❹ b__ all aw

❺ sm__ aw (all)

❻ s__ y (aw)

120 똑똑한 하루 Phonics

Level 3B 121

122~123쪽

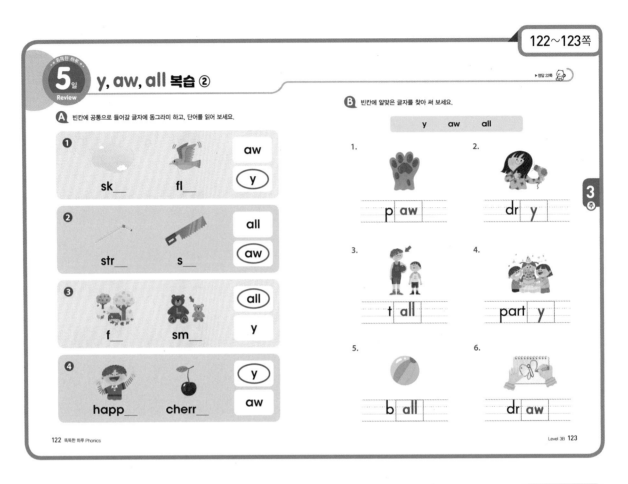

5일 Review

y, aw, all 복습 ②

▶정답 22쪽

Ⓐ 빈칸에 공통으로 들어갈 글자에 동그라미 하고, 단어를 읽어 보세요.

❶ sk__ / fl__ — **aw** / **y**

❷ str__ / s__ — **all** / **aw**

❸ f__ / sm__ — **all** / **y**

❹ happ__ / cherr__ — **y** / **aw**

Ⓑ 빈칸에 알맞은 글자를 찾아 써 보세요.

y　aw　all

1. p|aw

2. dr|y

3. t|all

4. part|y

5. b|all

6. dr|aw

122 똑똑한 하루 Phonics

Level 3B 123

124~125쪽

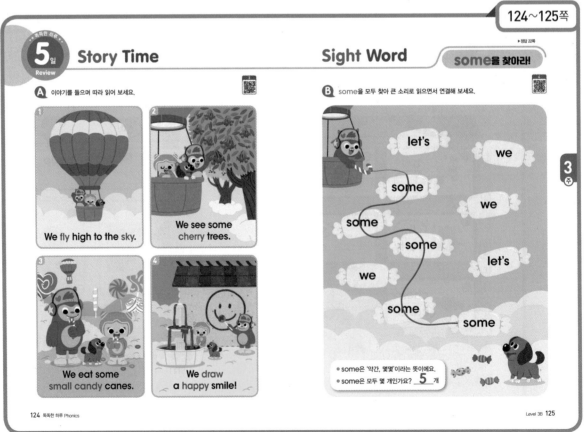

5일 Review

Story Time

▶정답 22쪽

Ⓐ 이야기를 들으며 따라 읽어 보세요.

1. We fly high to the sky.

2. We see some cherry trees.

3. We eat some small candy canes.

4. We draw a happy smile!

Sight Word

some을 찾아라!

Ⓑ some을 모두 찾아 큰 소리로 읽으면서 연결해 보세요.

let's　we　some　we　some　some　let's　we　some　some

• some은 '약간, 몇몇'이라는 뜻이에요.
• some은 모두 몇 개인가요? __5__ 개

124 똑똑한 하루 Phonics

Level 3B 125

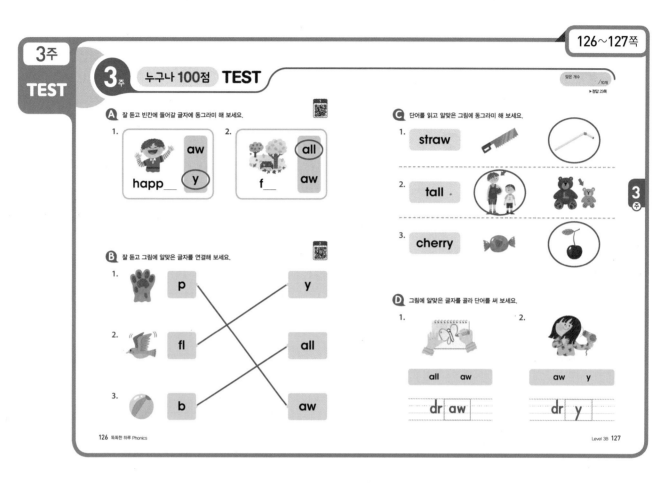

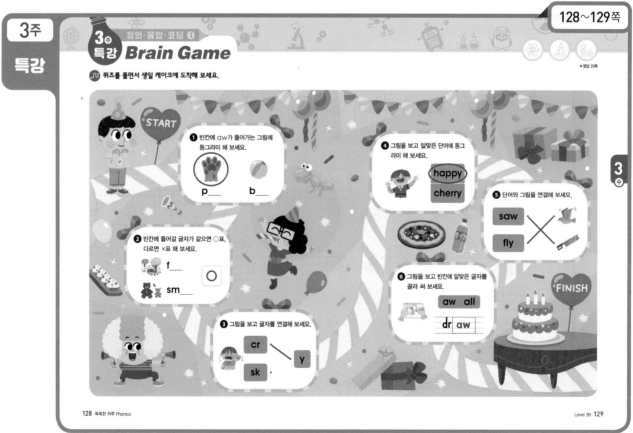

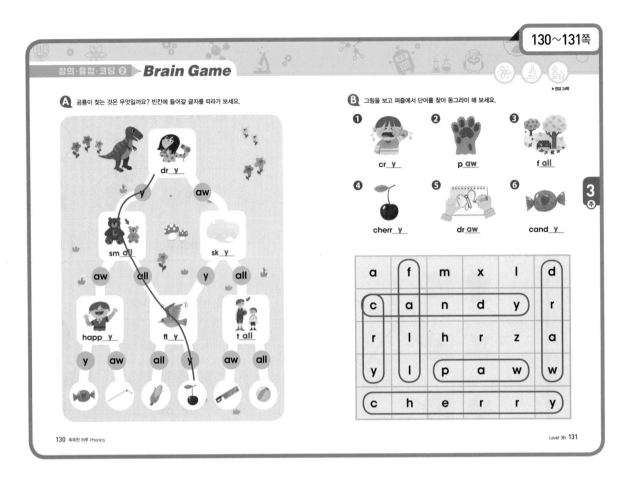

130~131쪽

창의·융합·코딩 ❷ **Brain Game**

▶ 정답 24쪽

Ⓐ 공룡이 찾는 것은 무엇일까요? 빈칸에 들어갈 글자를 따라가 보세요.

dr_**y**
aw
sm **all**
sk_**y**
aw / all / y / all
happ_**y** / fl_**y** / t_**all**
y / aw / all / y / aw / all

Ⓑ 그림을 보고 퍼즐에서 단어를 찾아 동그라미 해 보세요.

❶ cr_**y**   ❷ p_**aw**   ❸ f_**all**

❹ cherr_**y**   ❺ dr_**aw**   ❻ cand_**y**

a	f	m	x	l	d
c	a	n	d	y	r
r	l	h	r	z	a
y	l	p	a	w	w
c	h	e	r	r	y

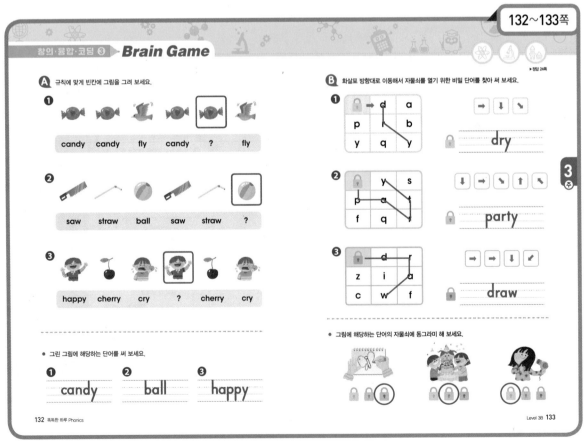

132~133쪽

창의·융합·코딩 ❸ **Brain Game**

▶ 정답 24쪽

Ⓐ 규칙에 맞게 빈칸에 그림을 그려 보세요.

❶ candy   candy   fly   candy   **?**   fly

❷ saw   straw   ball   saw   straw   **?**

❸ happy   cherry   cry   **?**   cherry   cry

• 그린 그림에 해당하는 단어를 써 보세요.

❶ **candy**   ❷ **ball**   ❸ **happy**

Ⓑ 화살표 방향대로 이동해서 자물쇠를 열기 위한 비밀 단어를 찾아 써 보세요.

❶
d	a
p	b
y	q	y

→ ↓ ↘

🔒 **dry**

❷
y	s
p	a	t
f	q	t

↓ → ↘ ↑ ↖

🔒 **party**

❸
d	r
z	i	a
c	w	f

→ → ↓ ↗

🔒 **draw**

• 그림에 해당하는 단어의 자물쇠에 동그라미 해 보세요.

4주 미리보기

136~137쪽

4주 이번 주에는 무엇을 배울까? ❷

▶정답 25쪽

🐾 두 글자가 만나면 새로운 자음 소리가 나요. 알맞은 스티커를 붙여 보세요.

Quiz
모음 e 앞에서 소리가 달라지는 자음 c와 g를 찾아 동그라미 해 보세요.

136 똑똑한 하루 Phonics

Level 3B 137

4주 1일

1일 PHONICS **ce 단어 익히기 ①**

140~141쪽

▶정답 25쪽

Ⓐ 스티커를 붙인 후, 단어를 리듬에 맞춰 읽어 보세요.

Ⓑ 잘 듣고 알맞은 글자와 그림을 연결해 보세요.

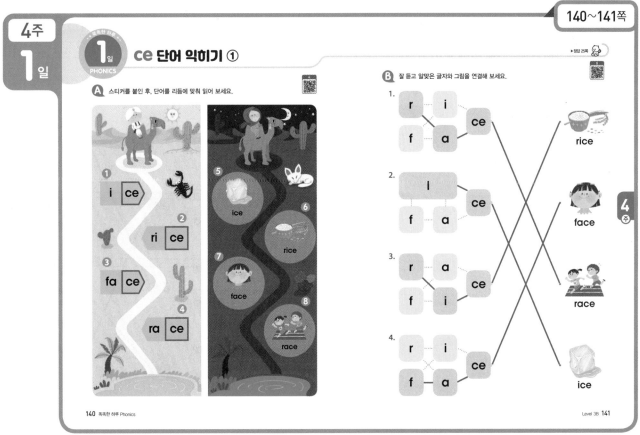

140 똑똑한 하루 Phonics

Level 3B 141

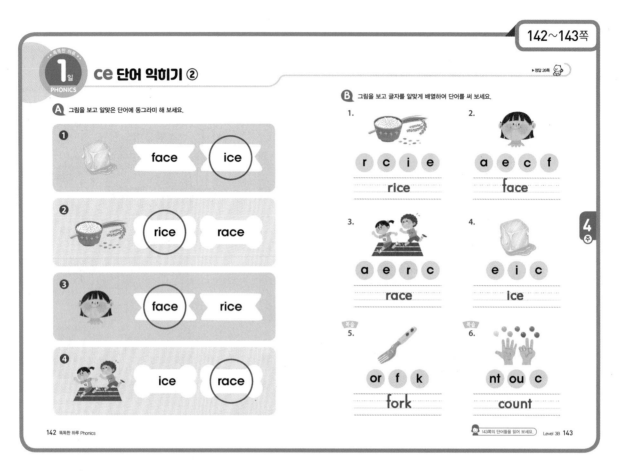

1일 PHONICS ce 단어 익히기 ②

▶정답 26쪽

Ⓐ 그림을 보고 알맞은 단어에 동그라미 해 보세요.

❶ face / **ice**

❷ **rice** / race

❸ face / rice

❹ ice / **race**

Ⓑ 그림을 보고 글자를 알맞게 배열하여 단어를 써 보세요.

1. r c i e → rice

2. a e c f → face

3. a e r c → race

4. e i c → ice

5. or f k → fork

6. nt ou c → count

142 똑똑한 하루 Phonics

143쪽의 단어들을 읽어 보세요. Level 3B 143

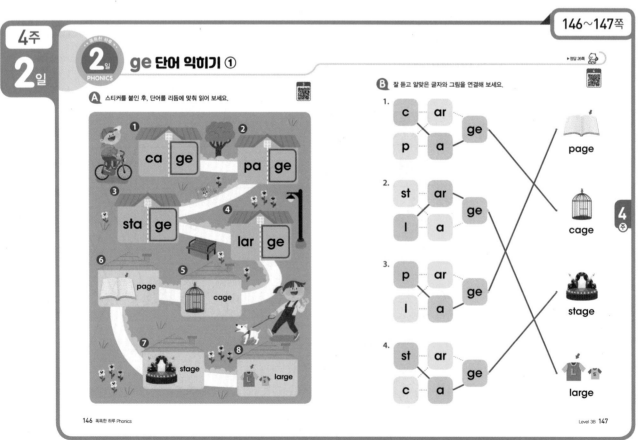

4주 2일 PHONICS ge 단어 익히기 ①

▶정답 26쪽

Ⓐ 스티커를 붙인 후, 단어를 리듬에 맞춰 읽어 보세요.

❶ ca ge
❷ pa ge
❸ sta ge
❹ lar ge
❺ cage
❻ page
❼ stage
❽ large

Ⓑ 잘 듣고 알맞은 글자와 그림을 연결해 보세요.

1. c ar / p a — ge → page / cage

2. st ar / l a — ge → stage

3. p ar / l a — ge → large

4. st ar / c a — ge

146 똑똑한 하루 Phonics

Level 3B 147

148~149쪽

2일 PHONICS
ge 단어 익히기 ②

▶정답 27쪽

Ⓐ 그림을 보고 알맞은 단어에 동그라미 해 보세요.

Ⓑ 그림에 알맞은 단어를 찾아 동그라미 하고, 써 보세요.

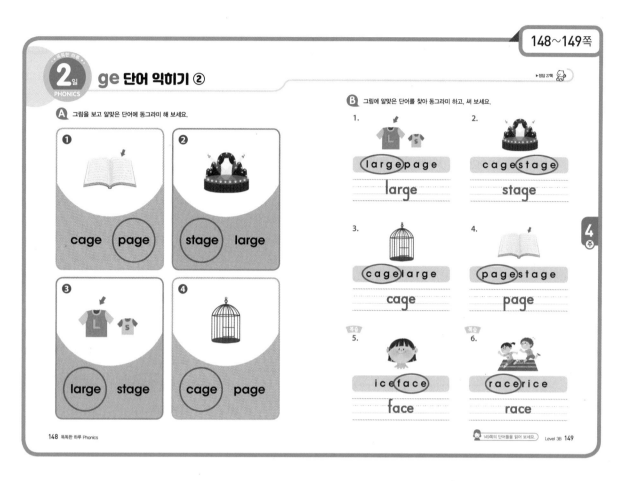

149쪽의 단어들을 읽어 보세요. Level 3B **149**

152~153쪽

4주 3일
3일 PHONICS
kn 단어 익히기 ①

▶정답 27쪽

Ⓐ 스티커를 붙인 후, 단어를 리듬에 맞춰 읽어 보세요.

Ⓑ 잘 듣고 알맞은 글자끼리 연결해 보세요.

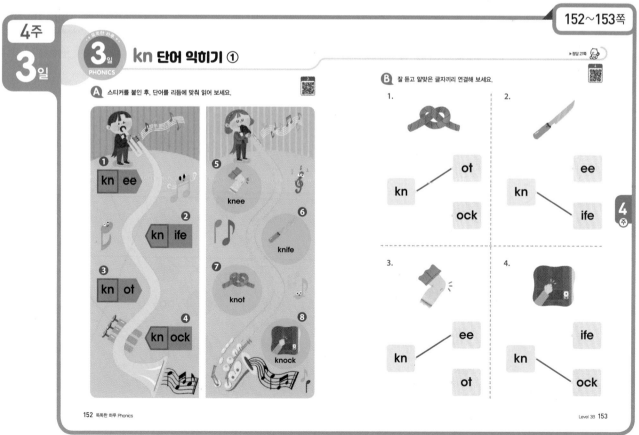

Level 3B **153**

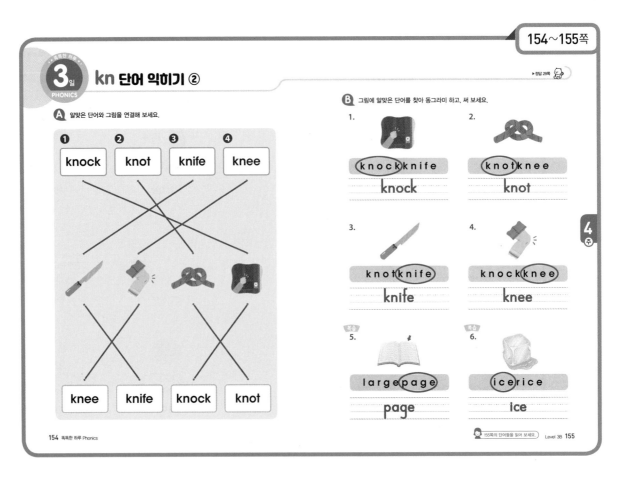

154~155쪽

3일 PHONICS

kn 단어 익히기 ②

▶정답 28쪽

Ⓐ 알맞은 단어와 그림을 연결해 보세요.

❶ knock ❷ knot ❸ knife ❹ knee

knee　knife　knock　knot

Ⓑ 그림에 알맞은 단어를 찾아 동그라미 하고, 써 보세요.

1. knock knife
knock

2. knot knee
knot

3. knot knife
knife

4. knock knee
knee

5. large page
page

6. ice rice
ice

155쪽의 단어들을 읽어 보세요.　Level 3B 155

154 똑똑한 하루 Phonics

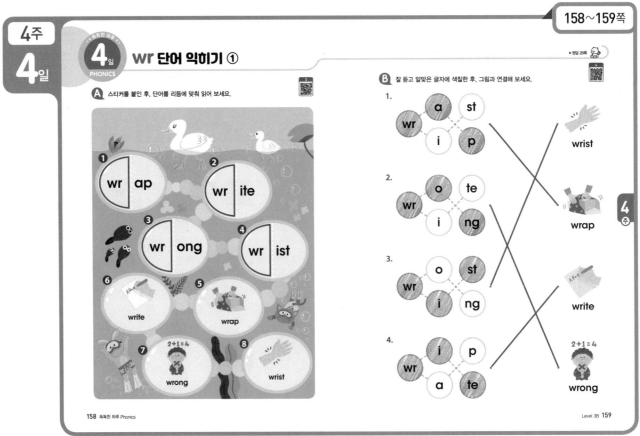

158~159쪽

4주
4일

4일 PHONICS

wr 단어 익히기 ①

▶정답 28쪽

Ⓐ 스티커를 붙인 후, 단어를 리듬에 맞춰 읽어 보세요.

❶ wr ap
❷ wr ite
❸ wr ong
❹ wr ist
❻ write
❺ wrap
❼ wrong
❽ wrist

Ⓑ 잘 듣고 알맞은 글자에 색칠한 후, 그림과 연결해 보세요.

1. wr a st / i p — wrist
2. wr o te / i ng — wrap
3. wr o st / i ng — write
4. wr i p / a te — wrong

158 똑똑한 하루 Phonics

Level 3B 159

160~161쪽

4일 PHONICS · wr 단어 익히기 ②

▶정답 29쪽

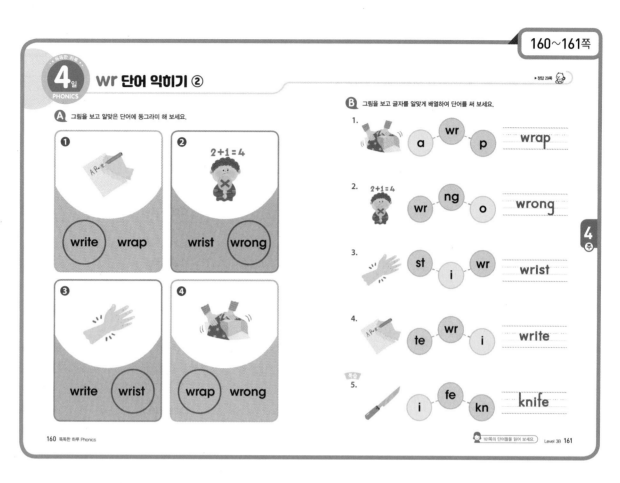

A 그림을 보고 알맞은 단어에 동그라미 해 보세요.

❶ write **wrap**

❷ 2+1=4 wrist **wrong**

❸ write **wrist**

❹ **wrap** wrong

B 그림을 보고 글자를 알맞게 배열하여 단어를 써 보세요.

1. a / wr / p → **wrap**

2. 2+1=4 wr / ng / o → **wrong**

3. st / i / wr → **wrist**

4. te / wr / i → **write**

5. i / fe / kn → **knife**

160 똑똑한 하루 Phonics

161쪽의 단어들을 읽어 보세요. Level 3B 161

162~163쪽

4주 복습

5일 Review · ce, ge, kn, wr 복습 ①

공부한 날   월   일

▶정답 29쪽

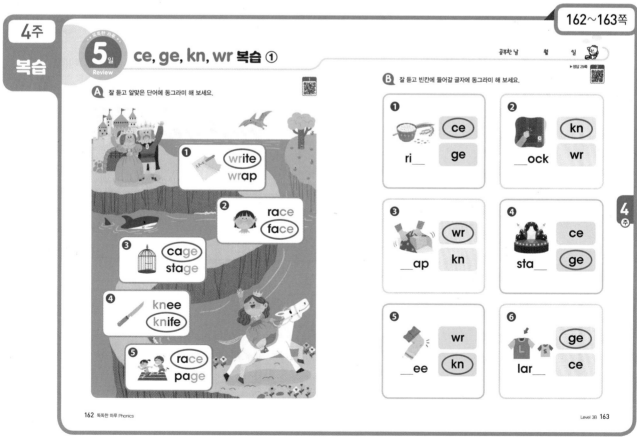

A 잘 듣고 알맞은 단어에 동그라미 해 보세요.

❶ **write** wrap

❷ **race** face

❸ **cage** stage

❹ knee **knife**

❺ **race** page

B 잘 듣고 빈칸에 들어갈 글자에 동그라미 해 보세요.

❶ ri__ **ce** / ge

❷ __ock **kn** / wr

❸ __ap **wr** / kn

❹ sta__ ce / **ge**

❺ __ee wr / **kn**

❻ lar__ **ge** / ce

162 똑똑한 하루 Phonics

Level 3B 163

정답 **29**

164~165쪽

5일 Review — ce, ge, kn, wr 복습 ②

▶정답 30쪽

A 빈칸에 공통으로 들어갈 글자에 동그라미 하고, 단어를 읽어 보세요.

B 빈칸에 알맞은 글자를 찾아 써 보세요.

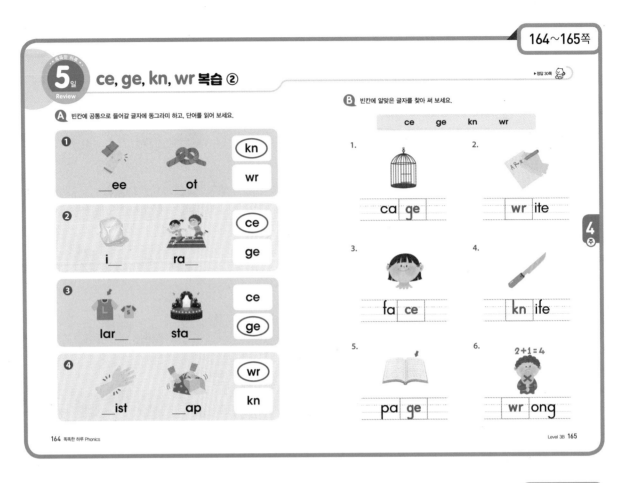

A

① __ee / __ot → **kn** / wr

② i__ / ra__ → **ce** / ge

③ lar__ / sta__ → ce / **ge**

④ __ist / __ap → **wr** / kn

B

ce   ge   kn   wr

1. ca **ge**
2. **wr** ite
3. fa **ce**
4. **kn** ife
5. pa **ge**
6. **wr** ong

166~167쪽

5일 Review — Story Time / Sight Word

what을 찾아라!

▶정답 30쪽

A 이야기를 들으며 따라 읽어 보세요.

B what을 모두 찾아 큰 소리로 읽으면서 동그라미 해 보세요.

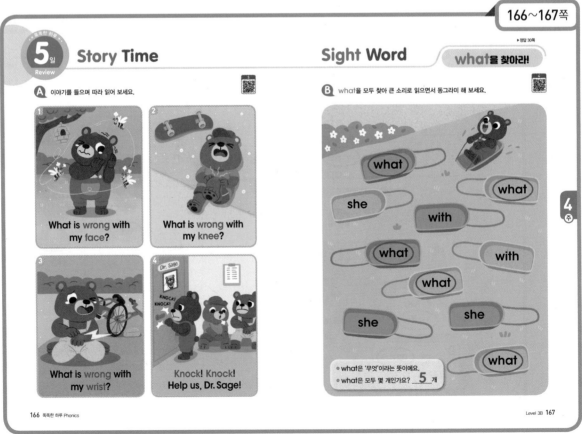

① What is wrong with my face?

② What is wrong with my knee?

③ What is wrong with my wrist?

④ Dr. Sage
Knock! Knock!
Help us, Dr. Sage!

B

what
what
she
with
what
with
what
she
she
what

• what은 '무엇'이라는 뜻이에요.
• what은 모두 몇 개인가요? __5__개

4주 TEST

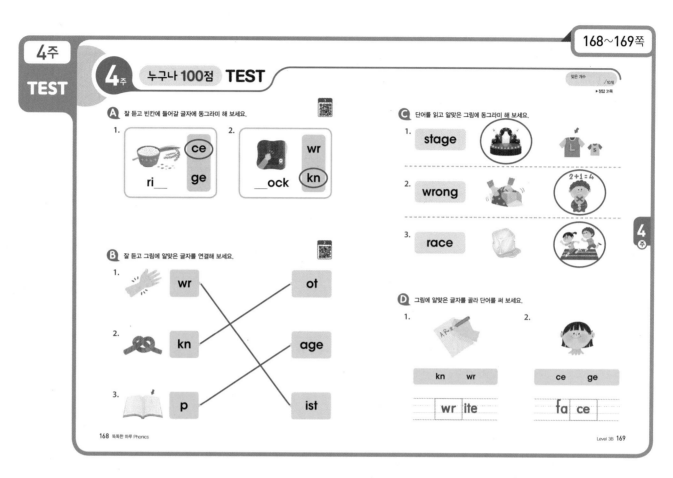

4주 누구나 100점 TEST

맞은 개수 /10개
▶정답 31쪽

Ⓐ 잘 듣고 빈칸에 들어갈 글자에 동그라미 해 보세요.

1. ri__ → **ce** / ge
2. __ock → wr / **kn**

Ⓑ 잘 듣고 그림에 알맞은 글자를 연결해 보세요.

1. wr — ist
2. kn — ot
3. p — age

Ⓒ 단어를 읽고 알맞은 그림에 동그라미 해 보세요.

1. stage (동그라미: 케이크)
2. wrong (동그라미: 2+1=4)
3. race

Ⓓ 그림에 알맞은 글자를 골라 단어를 써 보세요.

1. kn / wr → **wr** ite
2. ce / ge → fa **ce**

168 똑똑한 하루 Phonics
Level 3B 169

4주 특강

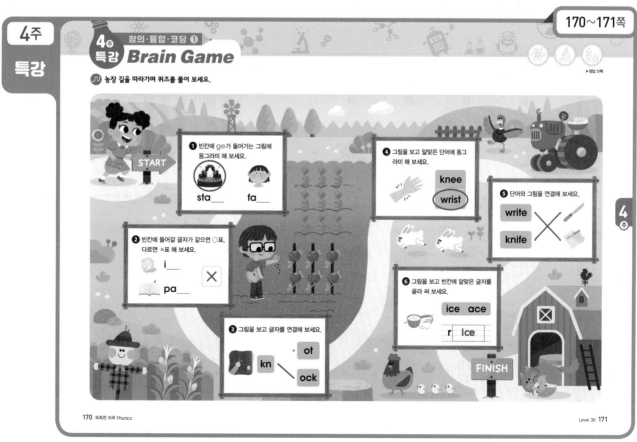

4주 특강 창의·융합·코딩 ❶ Brain Game

▶정답 31쪽

🎵 농장 길을 따라가며 퀴즈를 풀어 보세요.

START

❶ 빈칸에 ge가 들어가는 그림에 동그라미 해 보세요.
sta___   fa___

❷ 빈칸에 들어갈 글자가 같으면 ○표, 다르면 ×표 해 보세요.
i___
pa___   ×

❸ 그림을 보고 글자를 연결해 보세요.
kn — · ot
      · ock

❹ 그림을 보고 알맞은 단어에 동그라미 해 보세요.
knee
wrist

❺ 단어와 그림을 연결해 보세요.
write ✕ knife

❻ 그림을 보고 빈칸에 알맞은 글자를 골라 써 보세요.
ice ace
r | ice

FINISH

170 똑똑한 하루 Phonics
Level 3B 171

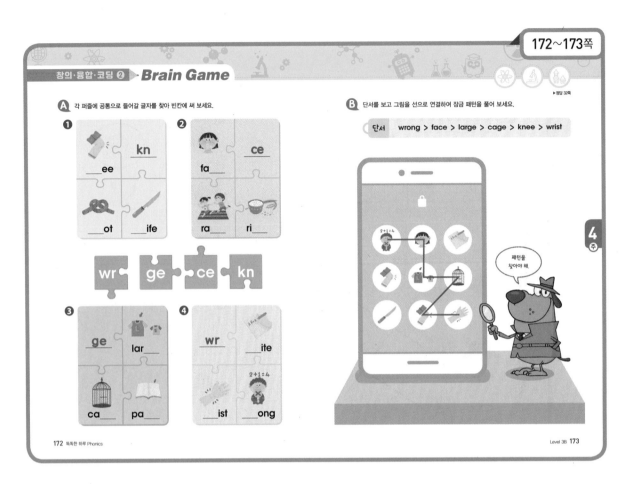

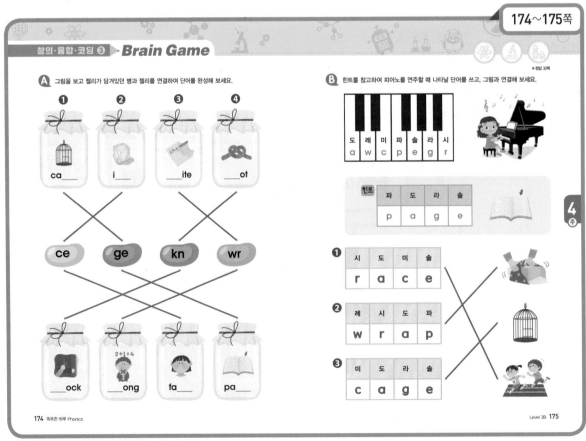

기초 학습능력 강화 프로그램

매일 조금씩 **공부력** UP!

똑똑한 하루
시리즈

쉽다!

하루 10분, 주 5일 완성의
커리큘럼으로 쉽고 재미있게
초등 기초 학습능력 향상!

재미있다!

교과서는 물론, 생활 속에서 쉽게
접할 수 있는 다양한 소재를 활용해
아이 스스로도 재미있는 학습!

똑똑하다!

초등학생에게 꼭 필요한 상식과 함께
학습 만화, 게임, 퍼즐 등을 통한
'비주얼 학습'으로 스마트한 공부 시작!

더 새롭게! 더 다양하게! 전과목 시리즈로 돌아온 '똑똑한 하루'

국어 (예비초 ~ 초6)

예비초~초6 각 A·B
교재별 14권

예비초: 예비초 A·B
초1~초6: 1A~4C
14권

영어 (예비초 ~ 초6)

초3~초6 Level 1A~4B
8권

Starter A·B
1A~3B
8권

수학 (예비초 ~ 초6)

초1~초6 1·2학기
12권

예비초~초6 각 A·B
14권

초1~초6 각 A·B
12권

봄·여름
가을·겨울 (초1~초2)

봄·여름·가을·겨울
2권 / 8권

안전 (초1~초2)

초1~초2
2권

사회·과학 (초3~초6)

학기별 구성
사회·과학 각 8권

정답은
이안에
있어！

수학 전문 교재

● 연산 학습

빅터연산 예비초~6학년, 총 20권

창의융합 빅터연산 예비초~4학년, 총 16권

● 개념 학습

개념클릭 해법수학 1~6학년, 학기용

● 수준별 수학 전문서

해결의법칙(개념/유형/응용) 1~6학년, 학기용

● 서술형·문장제 문제해결서

수학도 독해가 힘이다 1~6학년, 학기용

● 단원평가 대비

수학 단원평가 1~6학년, 학기용

● 단기완성 학습

초등 수학전략 1~6학년, 학기용

● 삼위권 학습

최고수준 수학 1~6학년, 학기용

최강 TOT 수학 1~6학년, 학년용

● 경시대회 대비

해법 수학경시대회 기출문제 1~6학년, 학기용

국가수준 시험 대비 교재

● 해법 기초학력 진단평가 문제집 2~6학년·중1 신입생, 총 6권

예비 중등 교재

● 해법 반편성 배치고사 예상문제 6학년

● 해법 신입생 시리즈(수학/영어) 6학년

맞춤형 학교 시험대비 교재

● 열공 전과목 단원평가 1~6학년, 학기용(1학기 2~6년)

● 해법 총정리 1~6학년, 학기용

한자 교재

● 해법 NEW 한자능력검정시험 자격증 한번에 따기 6~3급, 총 8권

● 씽씽 한자 자격시험 8~7급, 총 2권

배움으로 행복한 내일을 꿈꾸는
천재교육 커뮤니티 안내

교재 안내부터 구매까지 한 번에!
천재교육 홈페이지

자사가 발행하는 참고서, 교과서에 대한 소개는 물론
도서 구매도 할 수 있습니다. 회원에게 지급되는 별을 모아
다양한 상품 응모에도 도전해 보세요!

다양한 교육 꿀팁에 깜짝 이벤트는 덤!
천재교육 인스타그램

천재교육의 새롭고 중요한 소식을 가장 먼저 접하고 싶다면?
천재교육 인스타그램 팔로우가 필수!
깜짝 이벤트도 수시로 진행되니 놓치지 마세요!

수업이 편리해지는
천재교육 ACA 사이트

오직 선생님만을 위한, 천재교육 모든 교재에 대한 정보가 담긴
아카 사이트에서는 다양한 수업자료 및 부가 자료는 물론
시험 출제에 필요한 문제도 다운로드하실 수 있습니다.

https://aca.chunjae.co.kr

천재교육을 사랑하는 샘들의 모임
천사샘

학원 강사, 공부방 선생님이시라면 누구나 가입할 수 있는 천사샘!
교재 개발 및 평가를 통해 교재 검토진으로 참여할 수 있는 기회는 물론
다양한 교사용 교재 증정 이벤트가 선생님을 기다립니다.

아이와 함께 성장하는 학부모들의 모임공간
튠맘 학습연구소

튠맘 학습연구소는 초·중등 학부모를 대상으로 다양한 이벤트와 함께
교재 리뷰 및 학습 정보를 제공하는 네이버 카페입니다.
초등학생, 중학생 자녀를 둔 학부모님이라면 튠맘 학습연구소로 오세요!